인스타그램 마케팅

밀착과외

인스타그램 마케팅
밀착
과외

1판 1쇄 발행　2024년　8월 10일
1판 3쇄 발행　2024년 10월 23일

지은이　박미희
표지 · 본문 디자인　루아클립
교정교열　박지은
마케팅　강민서

펴낸곳　작가와
출판등록　제 2022-000165호

주소　서울시 강서구 양천로 738, 1F
전화　02-355-5355
E-mail　welcome@jakkawa.com
ISBN　979-11-7248-707-2　133320

본 책의 일부 혹은 전체 내용을 무단으로 복제/배포하거나 2차적 저작물로 재편집하는 경우, 5년 이하의 징역 또는 5천만원 이하의 벌금과 민사상 손해배상을 청구합니다.

책값은 뒤표지에 있습니다.
파본은 구입하신 서점에서 교환해드립니다.

사업성공을 위한 **인스타그램 필독서**

인스타그램 마케팅
미쳐 밀착 교외

박 미 희 @밍드리밍 지음

모두의 출판사
작가와

프롤로그

무한한 가능성의 세계에 발을 내디디다.

2020년 4월 16일,
숨을 쉴 수 없어서 숨 쉴 공간이 절실하게 필요했던 나는, 삶과 죽음의 경계에서 아슬아슬하게 매달려 있었다. 나를 살려내기 위한 처절한 몸부림으로 인스타그램이라는 새로운 세상에 처음 발을 내디뎠다. 사랑하는 가족을 위해 반드시 살아내야 했기에 그 절실함으로 미친 듯 시작한 것이 인스타그램이었다.

꿈꾸는 사람 '밍드리밍'
달달하게 꿈을 그리고, 꿈을 이뤄나가고 싶은 마음을 담아 '밍드리밍'이란 이름을 만들었다. 새로운 세상에서 가능성을 알아봐 주고 믿어준 스승님, 감동과 위로를 선물해 준 소중한 인스타 친구들, 그리고 사랑하는 남편과 아들의 응원과 믿음 덕분에 그 힘든 시간을 이겨낼 수 있었다.

그 첫걸음은 새벽 기상이었다. 새벽에 책을 읽고 느낀 생각이나 나만의 감성이 가득 담긴 글을 피드에 올렸다. 나의 글에 공감해 주고 일상을 응원해 주는 친구들(팔로워)을 만났고 서로를 응원하며 보이지 않는 선으로 연결된 듯 선한 연결의 힘을 경험했다. 팔로워 0부터 시작해서 1년이 채 안 되어 '팔로워 1만'을 달성했다. 매일 10~16시간씩 인스타그램을 했는데 그 공간에서 살았다고 해도 과언이 아니었다.

감사하게도 팔로워 1천 명이 조금 넘을 때부터 협찬이 왔다. (책, 카페, 호텔, 펜션, 동물원, 관광지, 밀키트, 뷰티 관련 미용용품, 과일, 옷, 레스토랑 등등) 유료 광고, 브랜드 협업 광고도 하고 인스타를 하는 것이 정말 재미있었다. 점점 판매요청이 늘어나기 시작했고, 그중 내가 관심 있고 좋아하는 제품들을 충분히 검증해서 공동구매를 하게 되었다. 다양한 제품을 공구하는 기간 동안(평균 3~5일간 진행) 제품마다 다르지만 몇백 개에서 한 번에 1천 개가량이 판매되기도 했다. 그렇게 나도 모르게 1인 사업자로서의 길을 걸어가고 있었다.

매일 평균 12시간 이상 인스타그램을 관찰하고 분석했더니 남들보다 아는 것이 많아졌다. 살아야 했기에 시작했던 인스타그램 덕분에 꿈을 이뤘고, 분에 넘치는 성장을 했다. 그 노하우를 알려드리고 싶어 라이브 방송을 시작했고, 그것을 기점으로 컨설팅 및 강의를 하며 다양한 직종에 계신 많은 대표님들을 도울 수 있게 되었다.

수업을 하면 할수록 가장 중요한 것이 기본이라는 생각이 머릿속에 계속 남았다. 인스타그램을 처음 하는 분이든, 혹은 몇 년 했던 분일지라도 기본을 모르고 시작한 경우가 많았고 그래서 적용이 어렵고 응용은 더더욱 어려워했다. 기본만 알면 지금보다 몇 배는 더 많은 매출을 올릴 수 있고, 인스타그램을 잘 활용하면 마케팅 / 브랜딩에 큰 도움이 될 텐데 잘 몰라서 운영을 제대로 못 하고 계시는 분들을 보면 안타까운 마음이 앞섰다.

수영을 배울 때는 발차기가 기본이고, 영어를 배울 때는 발음이 기본이다. 피아노를 배울 때는 건반을 한 음 한 음 치는 것이 기본이고, 요리를 배울 때는 칼질이 기본이다. 복싱을 배울 때는 스텝, 줄넘기가 기본이다. 이 기본기를 다지지 않고서는 그 이상을 넘어설 수 없다. 잘못 배운 기본은 그다음 스텝을 엉키게 만든다. 잘하도록 도움을 드릴 수 있는 방법을 계속 고민하다가 사업의 생존과 성장을 돕는 '인스타그램 마케팅 밀착과외'라는 책을 써야겠다고 생각했다.

나의 이야기가 어떤 의미가 될까?
나의 경험이 절실한 누군가에게 도움을 줄 수 있을까?
1인 기업이 생존하고 성장하는 데 필요한 것은 무엇일까?
지난 5년간, 1인 사업가로 살아오면서 흘렸던 피, 땀, 눈물을 통해 얻은 인사이트를 어떻게 하면 쉽게 찬찬히 알려드릴 수 있을까?

23년을 기점으로 인스타그램의 알고리즘이 확 바뀌었는데 이유인즉 SNS 숏폼의 전성기가 시작되었기 때문이다. 틱톡은 이미 몇 년 전부터 숏폼으로 특화된 플랫폼이었고, 유튜브의 숏츠도 숏폼 대세에 올라탔다. 인스타그램 역시 릴스를 강화했고 활성화하도록 독려했다.

인스타 알고리즘이 변하면서 릴스로 갑자기 상승하는 계정이 생겨났다. 그런 계정 중 인스타그램을 오랜 기간 하면서 변화의 물결에 올라타 수직으로 상승한(=떡상) 사람도 있고, 혹은 정말 말 그대로 얻어걸린 사람들도 있다. 인스타그램의 생태계를 이해하지 못하고 한순간의 변화만 알고 떡상한 사람들은 인스타그램에서 "이거 하지 말라." "저거 하지 말라." "이거는 반드시 이렇게 해야 한다." 등 후킹 문구로 사람들을 혼란에 빠뜨리는 경우도 많았다.

"인스타그램에서 떡상한 OO의 릴스를 보고 따라 했는데 계정 성장이 오히려 멈췄다." "해시태그는 소용없다고 쓰지 말라고 하는데 맞는 건가?" "무조건 릴스만 올려야 하는가?" 등등 수많은 질문을 해주셨고, 물론 그중에 맞는 이야기도 많지만, 틀린 이야기도 있다. 이런 일련의 변화들로 인해 인스타그램을 통해 사업을 잘 운영하던 대표님들이 힘없이 주저앉는 경우를 보았다. 그럼에도 살아남는 인스타그램 계정들이 있었는데 인스타그램 생태계의 기본을 이해하고 활용하는 대표님들이었다.

그때 절실히 깨달았다. 결국 내가 그토록 쓰고 싶었던, 알려드리고 싶었던 내용은 화려함이 아니라 정말 딱 기본! 이것만 알면 되는 인스타그램 교과서였다! 알고리즘이 변하더라도 적용할 수 있고, 시스템이 복잡해져도 잘 해내도록 돕고 싶었다. 그러기 위해서는 반드시 인스타그램이라는 생태계에 대한 깊은 이해에서부터 비롯되어야 한다.

문제를 잘 풀려면 출제자의 의도를 파악하는 것이 우선이다. 물론 공부를 잘하는 사람의 기출문제나 풀이도 도움이 되겠지만, 문제를 출제한 사람의 한마디가 더 큰 도움이 된다. 맞고 틀림을 내가 분별할 수 있어야 흔들리지 않는다. 그래야 꾸준히 나만의 콘텐츠를 쌓고, 매출도 올리며 내 계정을 잘 운영할 수 있다.

지금 이 시점이 인스타그램의 기본을 쉽게 알려드릴, 내가 필요한 순간이지 않을까 생각했다.

인스타그램의 알고리즘을 5년 동안 연구하고 관찰하고 실험하면서 깨달은 것은 '변화의 흐름, 그 이유만 알면 된다.' 이다. 알고리즘이 변하는 이유를 알고 내가 할 수 있는 방안을 모색하면 된다. 그리고 내가 제일 잘하는 것을 꾸준히 하면 된다.

사업의 생존과 성장이 절실하게 필요한 대표님!
온라인에서 회사, 제품 또는 서비스를 알리고 싶은 대표님!
인스타그램을 통해 마케팅 / 브랜딩을 하고자 하는 대표님!
인스타그램 기본을 제대로 배우고 활용하고 싶은 대표님!

이런 분들에게 인스타그램의 기본 개념부터 적용 원리까지! 제대로 활용하도록 돕는 책이 될 것이다. 인스타그램이라는 무한한 가능성의 세계에서 마음껏 뛰어놀게 하고 싶다. 그러려면 가장 중요한 것은 걸음마부터 제대로 배우는 것이다. 기본기부터 제대로 다지기 위해 이해하기 쉽게, 배우기 편하도록 비유와 예시를 들어 설명했다. 2020년부터 공동구매, 브랜드 협업, 유료 광고, 스마트스토어 운영, 라이브커머스 진행, 강의, 1:1 밀착과외, 기업컨설팅을 했던 경험과 노하우를 바탕으로 실전에서 반드시 알아야 할 기본을 이 책에 아주 쉽게 담으려 노력했다.

총 3개의 PART 로 구성했다. PART 1은 기본편으로 인스타그램을 집 짓는 과정에 빗대어 건축의 기본 순서에 따라 적어놓았다. 설계부터 기초공사, 골조공사, 내부인테리어까지 총 4장으로 구성했다. 기본부터 탄탄하게 배우고 적용할 수 있기를 바란다.

PART 2는 실전편으로 1인 사업자라면 반드시 알아야 할 비즈니스 계정 전환, 해시태그, 소통, 생산성을 높일 필수 앱, 매출 10배 올려주는 마케팅전략까지 총 5장으로 구성했다. 생태계를 이해하고 실전에서 활용하는 데 도움을 받길 바란다.

마지막 PART 3은 성공편으로 인스타그램을 활용하여 도움을 받고 성장과 성공을 경험한 6명의 대표님의 실제 사례를 담았다. 그 이야기가 응원의 노래가 되어 용기를 얻을 것이다. 그러니 이 책을 최소 2번은 읽기 바란다. 처음은 그냥 훑듯이 읽으면서 전체적인 맥락을 이해하고, 그다음은 알려드린 내용을 토대로 시간을 들여 조금씩 익혀보면 좋을 것 같다.

자, 이제부터 본격 시작이다. 건축가의 마음으로 온라인 집을 멋지게 지을 준비가 되었는가? 꿈꾸는 대로 나만의 공간을 만들어보자! 인스타그램을 이해하고 내 사업에 적용하러 가보자. 반드시 좋은 성과가 기다리고 있을 것이다!

목차

프롤로그   04
무한한 가능성의 세계에 발을 내디디다.

PART 1 _ 기본편

01 _ 설계단계 : 인스타그램은 '내가 꿈꾸는 공간'이다.   18
1. WHY : 왜 인스타그램인가?   21
2. WHAT : 인스타그램이란 무엇인가?   24
3. HOW : 조감도 작성_설계하라!   25

02 _ 기초공사 : 기본 개념을 바로 다져라.   32
1. 계정 생성   33
2. 필수 단계   41
3. 용어 정리   48

03 _ 골조공사 : 탄탄한 기둥! 프로필 설계에도 정답이 있다.   58
1. 브랜드의 이름 : [사용자 이름]   61
2. 브랜드의 얼굴 : [프로필 사진]   66
3. 브랜드의 이미지 : [프로필]   69
4. 브랜드의 광고판 : [하이라이트]   92
5. 브랜드의 홍보 도구 : [사진, 릴스]   96
6. 알고리즘이 사랑하는 프로필 작성법 : [프로필 최적화]   97
7. 프로필 최적화 예시   100

04 _ 내부 인테리어공사 : 나만의 향기를 가득 담아라!   106

    1. [잠재고객을 홀리는 힘 = 캡션] 작성   108

    2. [느낌표! = 사진] 업로드   112

    3. [인스타그램의 꽃 = 릴스] 업로드   116

    4. [백만 원짜리 광고판 = 스토리] 업로드   130

    5. [천만 원짜리 광고판 = 하이라이트] 업로드   134

    6. 게시물 최적화 사이즈   139

PART 2 _ 실전편

01 _ 생존하려면 비즈니스 계정으로 전환하라!   142

    1. WHAT : 비즈니스 계정이란?   144

    2. WHY : 역할과 중요성   145

    3. HOW : 전환 방법   147

    4. 인사이트 분석   152

02 _ 나를 찾는 지도를 만들라!   168

    1. WHAT : 해시태그란?   170

    2. WHY : 해시태그의 역할과 중요성   172

    3. HOW : 효과적인 해시태그 활용   175

    4. 태그의 모든 것   179

03 _ 인스타그램 '질적 성장'의 핵심 비법은 '소통'이다!   192

    1. 댓글은 선물이다.   194

    2. 나와 관심사가 같은 친구를 찾아라.   200

    3. 진정성 있게 소통하라.   202

04 _ 필수 앱 설치! 알면 피가 되고 살이 된다!   204
    1. 디자인 툴   205
    2. 사진 보정   207
    3. 영상 편집   209
    4. 리그램   211

05 _ 매출 10배 올려주는 마케팅 필승법을 사용하라!   214
    1. 이벤트   215
    2. 체험단   219
    3. 인플루언서 협업(협찬)   221
    4. 공동구매   223

PART 3 _ 성공편

01 _ 지인옥 작가   231
    60세, 인스타그램으로 인생이 송두리째 바뀌다!

02 _ 버섯지기   234
    인스타그램으로 브랜딩 해내다!

03 _ 라온제나   237
    사람과의 연결, 그 기적을 맛보다!

04 _ 가든하이로   240
    잠자던 오프라인 매장 매출을 깨우다!

05 _ 구해진 피부   242
    인스타그램을 통해 온라인마켓을 구축하다!

06 _ 민정드림   244
    인스타그램은 최고의 자기 성장 도구다!

07 _ 이제 당신 차례   249
    시작하는 순간, 최고의 무기가 될 것이다!

에필로그   250
    꿈꾸는 당신의 달달한 일상을 응원합니다.

인스타그램 용어

🔖 본인 계정 메인 화면

🔖 게시물 화면

인스타그램 용어

🔖 타인 계정 메인 화면

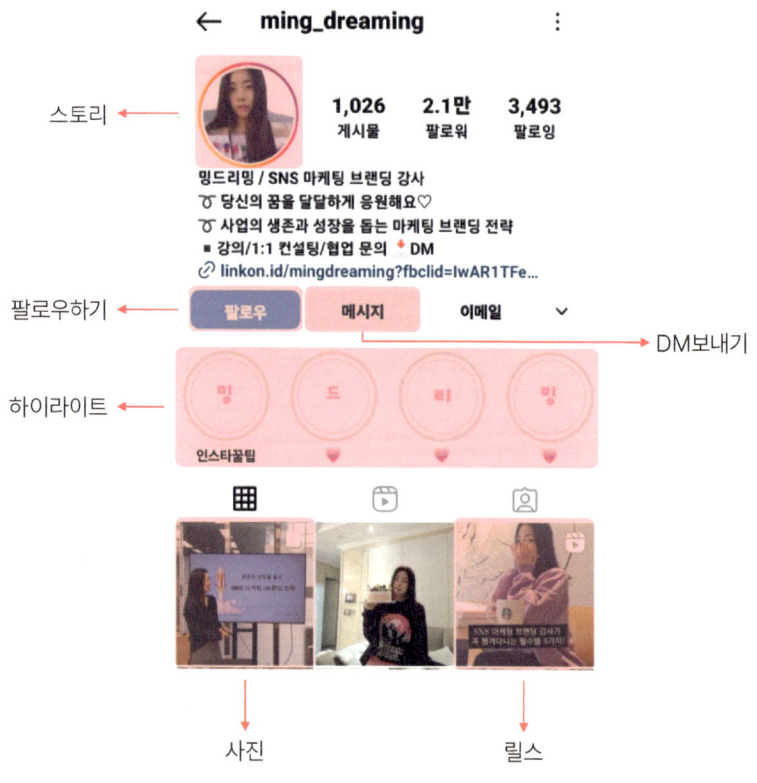

PART 1

기본편

01 _ 설계단계 : 인스타그램은 '내가 꿈꾸는 공간'이다.

1. WHY : 왜 인스타그램인가?

2. WHAT : 인스타그램이란 무엇인가?

3. HOW : 조감도 작성_설계하라!

01 _ 설계단계 : 인스타그램은 '내가 꿈꾸는 공간'이다.

생존 + 성장 = 마케팅으로 시작, 브랜딩으로 끝!

카페창업을 한다는 가정하에 강남 한복판 vs 땅끝에 있는 마을 중 어느 곳에 매출이 더 많이 발생할까? 당연히 강남이다. 사람이 더 많이 다니는 곳이니 매출에 영향을 줄 수밖에 없다.

우리 매장이 유동 인구가 많은 곳 그 중심에 있고 매장으로 지나가는 길이 여러 군데라 어느 길이든 우리 매장과 연결 된다고 상상해 보자! 사람들이 끊임없이 지나가고, 매장을 이용하기 위해 줄이 어마어마하고, 입소문에 입소문이 나서 매출은 매일 최고를 갱신하고 있다!

상상만으로도 기분이 좋지 않은가?
이게 현실이 되면 어떨까?
어떻게 하면 현실로 만들 수 있을까?

사람들이 많이 다니는 길목에 내 제품의 특장점이 최대한 잘 보이도록!
많은 사람들의 입에 오르내리도록! 입소문이 나도록!
내 제품이 필요한 사람에게 노출되도록!
그래서 구매 전환율을 높이도록!
구매했던 고객의 재구매를 일으키도록!
재구매를 통한 충성 팬을 확보하도록!
저절로 구매가 이루어지는 선순환구조를 만들도록!
내가 알리지 않아도 먼저 알아보도록!
온/오프라인을 막론하고 사업의 생존과 성장을 위해서는 마케팅에서 시작해서 브랜딩으로 끝나야 하는 이유이다. 그래야 오래도록 내 브랜드가 살아남게 된다.

마케팅으로 시작해 브랜딩으로 끝내려면 어떻게 하는 게 좋을까?

돈 한 푼들이지 않고 할 수 있는 방법이 있다. e커머스의 가장 중요한 축인 인스타그램을 활용하면 가능하다. 목이 좋은 곳에 매장이 있으면 좋은 이유가 무엇인가? 바로 유동 인구이다. 지나가는 사람이 많으면 구매하는 사람이 많을 수밖에 없기 때문이다. 거기에 우리 매장으로 들어오는 길목이 많으면 금상첨화이다. 매장으로 지나가는 길목이 한 군데 vs 열 군데 중 어디에서 더 사람을 우리 매장으로 들어오게 할 수 있을까? 당연히 길목이 많은 곳이다. 길목을 많이 만들면 매출이 올라가는 것은 당연한 이치이다. 그것이 인스타그램의 핵심이자 강점이다. 인스타그램은 황금 위치에 다양한 길목을 가지고 있는 통로 역할을 한다. 나 역시 인스타그램을 활용해 월 천만 원의 순수익을 만들어냈다. 초보자도 가능하다. 그렇게 할 수 있도록 이 책에 자세히 다루었다. 한 단계씩 해나가면 반드시 현실이 될 것이다.

가능성의 세계 = 인스타그램

인스타그램의 모토는 "Capture and Share the World's Moments"이다. 인스타그램의 핵심 가치와 목적이기도 한 "세상의 순간들을 담고 공유하라"라는 뜻이다. 중요한 순간들을 사진과 동영상으로 기록하고 공유하도록 독려하며, 서로의 이야기를 나누고 연결되는 플랫폼이 되기를 바라는 의미를 담고 있다.

인스타그램은 내가 꿈꾸는 공간을 현실로 만들 수 있는 기회의 공간이다. 나의 페르소나, 또 다른 내가 사는 자유로운 세상이기도 하다. 그곳에서 소중한 순간들을 담고 공유할 수도 있고 소중한 인연을 만들 수도 있다. 제품 판매 뿐아니라 회사를 홍보할 수도 있고, 브랜딩 할 수도 있다.

자유롭게 뭐든지 다 할 수 있는 무한한 가능성으로 가득한 공간이자 생존과 성장을 돕는 온라인 세계 '나의 집'이다. 그러니 당장 내가 꿈꾸는 집을 짓고 좋아하는 공간으로 인테리어 해보자!

자, 그럼 생존을 위한 마케팅과 성장을 위한 브랜딩을 이루도록 돕는 치트키가 될! 온라인 집을 짓는 여정을 시작해 볼까?

1. WHY : 왜 인스타그램인가?

"세계 인구 60% 이상이 SNS 사용…평균 2시간 반 이용"

전 세계 SNS 사용자는 인구의 60.6%에 해당하는 48억 8천만 명이며, 하루 평균 2시간 26분 동안 SNS를 사용하는 것으로 나타났다. 이는 전체 인터넷 사용자 수의 94%에 달하는 수준이다. 마케팅·컨설팅 업체 케피오스(Kepios)는 최근 SNS 사용 실태 보고서에서 사용자 수가 지난 12개월 동안 계속 증가해 1억 7,300만 명이 신규 가입했다고 밝혔다.

이는 1초당 평균 5.5명의 신규 사용자가 증가한 것이다. 또 하루 평균 이용 시간은 하루에 7~8시간 잠을 잔다고 가정할 때, 깨어 있는 시간의 약 15%를 소셜 미디어를 사용하는 것으로 나타났다. 가장 많이 이용하는 SNS 플랫폼은 페이스북으로, 월간 사용자 수는 29억 8,900만 명이었다. 그다음으로 유튜브(25억 2천700만 명), 왓츠앱(20억 명), 인스타그램(20억 명), 위챗(13억 1천900만 명), 틱톡(10억 8천100만 명) 순이다.

- KBS 뉴스 2023.07.21

성균관대학교 최재붕 교수는 "스마트폰은 신체의 일부가 됐다." "몸의 근간은 오장육부가 아니라 오장칠부다. 간 밑에 쓸개 밑에 스마트폰이 아닐까 싶다"라며 "스마트폰 없이는 살지 못하는 시대가 왔다"라고 말했다. 그는 스마트폰을 신체의 일부처럼 사용하는 인류를 '포노 사피엔스'라고 정의했고 그런 인류가 지구의 표준이 돼가고 있다고 언급했다.

사람들은 오장칠부인 '스마트폰'을 통하여 세상, 그리고 사람들과 소통하고 있다. 소통의 중심에는 단연 SNS(Social Network Service, 사회관계망 서비스)로 불리는 여러 가지 앱이 있다. 유튜브, 인스타그램, 틱톡, X 등의 SNS가 사람들을 연결한다.

이곳에서 일상을 기록하며, 취미를 공유하고, 창작활동을 독려하고, 트렌드를 이끌어가고 있다. 다양한 정보를 쉽게 접하도록 하며, 새로운 커뮤니티를 구축하고, 마케팅과 브랜딩하는 수단이 되기도 한다. 시공간을 초월하는 힘이 SNS의 장점이자 무기인 셈이다.

전 세계 60% 이상이 사용하는 SNS, 여기에 나의 공간이 하나쯤은 있어야 하지 않을까?

그렇다면 왜 하필 인스타그램인가?

2023년 4월, 한국인을 대상으로 SNS 앱 사용자 변화를 조사하여 발표했다. (앱 / 리테일 분석 서비스 와이즈앱-리테일. 굿즈)

인스타그램 앱 사용자 수 역대 최대, 한국인 스마트폰 사용자의 42% 이용한다고 밝혀졌다. 전년 동월 대비 사용자 수가 가장 많이 증가한 SNS 는 인스타그램, 트위터, 네이버 카페 순이다. 인스타그램 앱 사용자 수가 2,167만 명으로 역대 최대 사용자 수를 기록했다.

한국인 스마트폰 사용자 5,120만 명의 42%가 인스타그램 앱을 사용한 것으로 추정됐다. 전년 동월 대비 사용자가 가장 많이 증가한 앱은 인스타그램으로 작년 4월 1,906만 명에서 올해 4월 2,167만 명으로 261만 명이 증가했다.

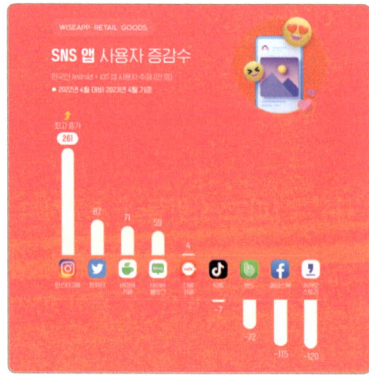 

왜 인스타그램인가? 에 대한 답이 나왔다.

한국인이 사랑하는 SNS!
한국인이 가장 많이 사용하는 SNS!
우리나라의 50% 정도가 사용하는 '인스타그램'이라는 온라인 세상에 당당하게 내가 꿈꾸는 집을 짓고 싶지 않은가? 사람이 많이 모이는 곳, 그곳이 돈이 모이는 곳이기도 하다. 그래서 우리 매장이 있거나 제품이 있는 분이라면 인스타그램은 선택이 아닌 필수라고 말하고 싶다.

새로운 세계로 들어가는 문, 그 초입에 서 있는 당신!

새롭게 도전하고 싶다면!
나의 경쟁력을 강화하고 싶다면!
나만의 차별화 된 가치로 승부하고 싶다면!
제품을 홍보하고 매출을 올리고싶다면!
내 안에 감춰져 있는 보석 같은 키워드를 발견하고 싶다면!
관심사가 같은 사람들과 소통하고 싶다면!
배우고 성장하고 싶다면!
꿈을 이루고 싶다면!

지금 당장 '인스타그램' 하라!

인스타그램은 최고의 마케팅이자 브랜딩 도구이다.

2. WHAT : 인스타그램이란 무엇인가?

인스타그램은 사진과 동영상을 공유하는 SNS 플랫폼이다. 2010년에 출시되었고 현재는 20억 명 이상이 사용하는 앱이다. 자신의 일상, 여행, 뷰티, 건강, 취미, 음식, 패션 등 다양한 주제의 콘텐츠를 업로드하고 공유할 수 있다.

그뿐만 아니라 인스타그램은 사용자들이 서로를 팔로우하고, 좋아요 또는 댓글을 통해 상호작용을 한다. 다른 사람들의 콘텐츠를 찾아보고, 자신의 콘텐츠를 관심사가 같은 사람들과 공유하며 소통이 가능한 플랫폼이다.

3. HOW : 조감도 작성_ 설계하라!

건물을 짓기 전 가정 먼저 하는 작업은 바로 조감도를 그리는 것이다. 조감도란 높은 곳에서 내려다본 상태의 그림이나 지도를 말한다. 새가 하늘에서 아래를 내려다보듯, 높은 곳에서 지상을 내려다본 이미지를 그림으로 나타낸 것이다. 건축·토목·조경 분야에서 조감도는 건물이나 사물 등을 표현하는 여러 방식 중 하나를 의미한다. 조감도는 주로 전체를 한눈에 파악할 수 있도록 하기 위한 목적에서, 여러 개의 건축물이나 전체적인 광경 및 느낌을 나타낼 때 사용된다.

위에서 아래를 내려다보면 어떤가? 전체적인 큰 그림을 볼 수 있다. 완성된 그림 즉 조감도와 설계 도면을 가지고 구체적으로 하나씩 집을 지어나가는 것이다. 전체를 한눈에 파악하도록 회사의 가치관, 명확한 타깃, 제품의 특장점 등을 명확하게 그리는 작업이 선행되어야 한다. 전체를 구상하지 않으면 부분도 그릴 수가 없는 것은 그림을 그릴 때 다들 경험해 보았으리라 생각된다.

인스타그램 역시 같은 맥락이다, 전체적인 그림(주제, 타깃, 콘텐츠, 분위기 등)을 먼저 그리고 난 후, 하나하나 채워나가면 온라인 세상 집짓기가 완성된다. 어떻게 조감도를 그리고 설계하는지 쉽게 설명할 테니 찬찬히 따라 해보길 바란다.

1. 주제

인스타그램에서 내가 하고 싶은 명확한 주제가 있다면 제일 쉽다. 예를 들어 요리, 인테리어, 정리 정돈, 책, 패션, 뷰티, 육아, 애견 등 지금 하는 사업, 제품 혹은 나의 관심 분야와 연관되어 운영하면 가장 좋다.

2. 타깃(잠재고객)

타깃 즉 잠재고객이다. 나의 주제에 관심이 있는 사람들, 나의 제품을 사용할 고객을 말한다.

뷰티를 주제로 한다면 20대 여성이 타깃인지, 30대 육아를 하는 엄마인지, 40대 직장인 엄마인지 분명하게 정하면 된다. 먹방이 주제라면 솔로를 타깃으로 할지 중년층을 할지 MZ세대를 겨냥할지 정해야 한다. 그래야 거기에 맞게 콘텐츠를 기획할 수 있고 생산해서 인스타그램에 업로드하면 더 빠르게 많은 잠재고객에게 도달할 수 있게 된다. 광범위한 타깃보다는 조금 뾰족하게 타깃을 잡는 것이 중요하다. 일단 좁게 구멍을 뚫고 나면 타깃을 넓혀나가는 건 쉽다.

3. 콘텐츠(정보)

주제와 타깃이 명확하다면 그다음은 콘텐츠이다. 내가 줄 수 있는 정보가 명확하게 담기도록 콘텐츠를 만드는 것이다. 아무리 맛있는 음식이더라도 어떤 그릇에 담느냐에 따라 느낌이 달라진다. 보기 좋은 떡이 먹기도 좋은 법! 나의 주제가 내 고객에게 잘 전달되도록 정보를 잘 담아낼 수 있어야 한다.

정보, 유머, 동기부여, 욕망 자극이 되는 콘텐츠를 담는다면 팔로워들의 반응도 좋고 확산시킬 수 있는 훌륭한 포인트가 된다.

> **예시** 초등학생을 둔 직장맘을 타깃으로 담을 수 있는 콘텐츠는 다음과 같다.
>
> - 무조건 맛있는 초등 입맛 밀키트
> - 쿠팡에서 성공한 간식 모음
> - 저학년 교과서 어휘자료 나눔
> - 직장맘의 저녁 메뉴
> - 직장맘의 주말 루틴
>
> 자신이 잘할 수 있는 콘텐츠를 기록해 보고 하나씩 올려보자.

4. 선 벤치마킹- 후 카피- 마지막 나만의 한 끗

이것도 저것도 모르겠다! 나는 아무것도 모르겠다! 하는 분들도 있을 것이다. 혹은 알겠는데 어떻게 적용해야 할지 막막한 분들도 있을 것이다. 당연하다.

처음이라서 그렇기도 하고 아직 많이 해보지 않아서 그런 것일 뿐이다. 그것에 대한 해결 방법은 아주 간단하다. 벤치마킹하라! 롤모델을 찾아라! 이다. 나의 사업, 내가 좋아하는 주제 혹은 관심이 있는 주제를 정하고, 그 주제를 가지고 잘 운영하는 인스타그램 계정을 5개 정도 찾는 것이다. 그리고 아주 유심히 관찰하는 것이다. 게시물은 어떻게 올리는지 사진은 어떻게 찍었는지, 영상은 어떻게 만들었는지, 글은 어떻게 쓰는지, 소통은 어떻게 하는지, 게시물 업로드는 언제 하는지, 얼마나 자주 올리는지 관심 있게 지켜보면 된다.

충분히 지켜봤다 싶으면 비슷하게 따라 해보는 것이다. 사진도 비슷한 구도로 찍어보고, 영상도 엇비슷하게 촬영해서 올려보자. 글도 비슷한 느낌으로 적어보고, 게시물도 비슷한 시간대에 올려보는 것이다. 그러면 된다. 그렇게 비슷하게 따라 하다 보면 나만의 그 한 끗이 나온다. 그래서 중요한 것이 꾸준히 매일 해보는 것이다. 피아노를 배울 때 1주일에 1번만 연습하는가? 1주일에 한 번 연습하다가 1달에 한 번, 혹은 기분 내킬 때 연습하면 절대로 피아노를 잘 칠 수 없다. 매일 꾸준히 해야 건반 치는 것을 익힐 수 있다. 처음에는 그저 꾸준히 매일 조금씩 연습하는 것이 피아노를 익히고 배우는데 전부다.

모든 배움에는 왕도가 없다. 인스타그램 역시 마찬가지이다. 그저 매일 꾸준히 해내야 한다. 물론 어느 분야에서든 그렇게 하지 않아도 타고난 사람들이 있다. 그 타고난 사람들은 극.극.극 극소수일 뿐이다.

그러니 매일 해보자. 조금씩 해보자. 쉽게 해보자. 편하게 해보자. 그게 다다. 정말이다. 그러면 언젠간 내가 갈고 닦은 그 칼날이 날카로워지는 때가 온다. 반.드.시! 그 첫걸음이자 가장 쉬운 길은 그저 시작해 보는 것뿐이다.

5. 설계에 도움이 되는 장치

조감도 작성 전에 분석해 보면 좋을 장치를 살펴보면 다음과 같다.

❶ SWOT 분석

마케팅 전략 중 하나이다. 사업을 하는 분들은 회사 제품, 브랜드, 가치, 콘텐츠를 통해 고객의 고민을 해결해 줄 수 있어야 한다. 그러기 위해서는 현 상태를 제대로 분석할 도구가 필요하다. SWOT 분석 통해 설계에 도움을 받을 수 있다.

첫째, S는 강점이다. 원가 우위, 독점적 기술 역량, 자금조달의 원활함 등이 있다.

둘째, W는 약점이다. 경영이나 관리능력이 부족하거나 낮은 광고 효율, 자금조달력 부족 등이 해당한다.

셋째, O는 기회이다. 금융, 환율의 변화나 시장의 변화, 낮은 진입장벽 등이 있다.

마지막으로 T는 위협이다. 새로운 경쟁 업체의 등장, 다른 대체 제품의 판매량 증가, 경기침체 등이 포함된다.

❷ STP 전략

SWOT 분석을 마쳤다면 그것을 토대로 STP 전략을 세워보기를 추천한다.

S 시장세분화(Segmentation)

시장세분화란 일정한 기준에 따라 전체 시장을 세분화시키는 것을 의미한다. 인구 통계적 변수, 심리 분석적 변수, 구매 행동 변수 등 예상되는 발생 가능한 미래의 변동 사항을 적어보자.

T 목표시장 선정(Targeting)

제품 판매를 위해 시장을 세분화시킨 후 구매 가능한 범위를 정해 목표를 설정한다. 내 제품에 적합한 목표시장을 선정해 보자. 타깃이 명확해야 한다.

P 포지셔닝(Positioning)

제품의 판매 극대화를 위한 마케팅을 말한다.

STP 모델이란 기업이 개별 고객의 선호에 맞춘 제품 혹은 서비스를 통해 타사와의 차별성과 경쟁력을 확보하는 마케팅 기법이다. 일정한 기준에 의해 전체 시장을 구분하고, 특정 시장을 타깃으로 하여 고객에게 타사와 다른 자사 제품의 이미지를 각인시킨다.

시장에서 경쟁제품이 증가하면서 기업은 기존의 대량생산 체제하의 대중 마케팅(Mass Marketing)으로는 더 이상 경쟁력을 갖기가 어려워졌다. 미국의 켈로그경영대학원 석좌교수 필립코틀러(Philip Kotler)는 기업이 시장을 세분화하여 새로운 고객을 유치하고 지속적인 수익을 낼 수 있도록 STP 모델을 제시했다.

- [네이버 지식백과] STP 모델 [STP Model] (두산백과 두피디아, 두산백과)

❸ 강점 체크

SWOT 분석과 STP 전략을 세우기 전 선행하면 좋을 강점 체크이다. 우리 회사의 강점을 100가지 적어 보는 것을 추천한다. 아무리 적어도 100개를 못 채우겠다고 하는 분들은 고객에게 직접 물어보자. 나의 강점을 잘 파악하는 데 도움이 된다.

나 역시 강점을 100개 적는데 아무리 생각하고 적어 봐도 떠오르지 않아 인스타그램을 활용해 '밍드리밍의 강점을 적어주세요!'라는 이벤트를 열기도 했다. 강점을 적어주시는 분들 몇 명 추첨해서 커피 쿠폰을 선물해 드리는 이벤트였다. 많은 인친들이 강점을 적어주셔서 나만의 강점을 객관적으로 파악하는 데 많은 도움을 받은 기억이 있다. 인스타그램 사용자라면 팔로워에게 우리 브랜드의 강점을 물어보는 것도 좋은 방법이다.

공방을 운영하는 대표님이라면 데이터베이스를 활용해 구매 고객 혹은 수강생에게 우리 공방만의 강점을 설문하고 그 중 추첨해서 커피 쿠폰을 선물해도 좋을 것 같다. 농수축산업에 종사하는 대표님이라면 고객에게 직접적으로 여쭤봐도 좋다. 우리 제품만의 탁월함, 혹은 왜 우리 제품을 선택했는지와 같은 질문을 해보면 조감도를 그리는 데 큰 도움을 받을 것이다.

<u>나만의 강점으로 고객의 마음을 사로잡아라!</u>

나만의 특성화된 강점! 그것이 나만의 모서리를 가지게 되는 것인지도 모르겠다. 나만 해낼 수 있는 것! 널리고 널린 제품들 사이에서 내가 제일 잘할 수 있는 것! 나만의 모서리를 찾는 것이다. 그 뾰족한 부분으로 고객에게 파고들어 고객의 마음을 사로잡으면 된다. 그게 타깃이 되는 것이고 포지셔닝해서 판매율을 높이고 브랜딩하는 비결이기도 하다.

강점파악 사이트

① VIA 성격 강점조사(http://www.kppsi.com/)
② High5test(https://high5test.com/)
③ 스트렝스5(https://www.strength5.kr/)
④ 갤럽 강점검사(https://www.gallup.com/)
⑤ 다중지능 자가진단 사이트(https://multiiqtest.com/)

# PART 1
기본편

02 _ 기초공사 : 기본 개념을 바로 다져라.

1. 계정 생성
2. 필수 단계
3. 용어 정리

02 _ 기초공사 : 기본 개념을 바로 다져라.

건축시공 시 가장 먼저 하는 작업은 바로 기초공사이다. 건축물에 작용하는 하중이나 구조물의 무게를 지지하는 지반 등을 안전하게 지지할 수 있도록 기초를 튼튼하게 만들어야 한다. 인스타그램에서는 계정을 생성하고, 계정이 해킹당하지 않게 안전한 상태로 운영하도록 토대를 만드는 것이 가장 중요하다.

이번 장은 기초공사단계로 계정 생성부터 용어 정리, 인스타그램 안에서 반드시 알아야 할 기본을 다루었다. 인스타그램과 오프라인 매장을 비유해서 설명했으니 이해하는 데 도움이 될 것이다.

1. 계정 생성

계정을 만드는 방법은 아주 쉽다. 인스타그램 앱 다운로드 → 앱 가입하기 → 필수정보 입력 → 계정 생성 완료하면 된다. 아래 설명대로 천천히 따라 하면 인스타그램 계정, 즉 나의 온라인 세상의 집을 짓는 첫 단계는 끝난다.

계정을 만드는 것은 온라인에서 집 지을 땅을 마련한 것과 같다. 내 세계를 마음껏 펼칠 수 있는 좋은 땅을 만들어보자. 건축설계 할 때와 마찬가지로 기반이 탄탄해야 건물을 지어 올릴 때 무너지지 않고 오래도록 튼튼하게 살 수 있는 공간을 만들 수 있다. 그러니 기본 단계인 이 과정을 순서대로 잘 따라 해 보자.

🔖 계정 생성 방법

01 먼저 [앱스토어]를 연다.

02 [인스타그램] 앱을 설치 후 앱을 연다.

03 [새 계정 만들기]를 선택한다.

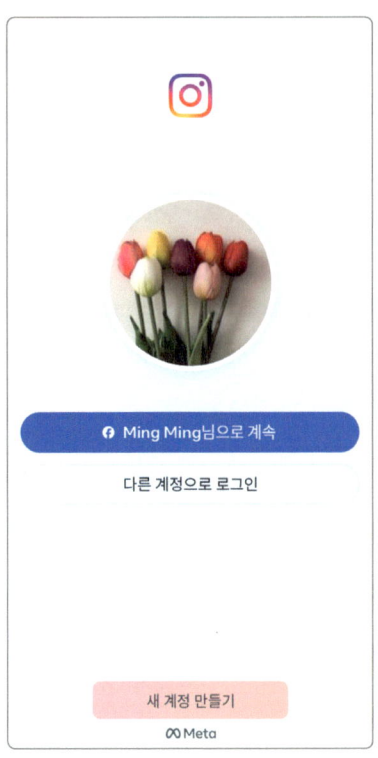

04 [휴대폰 번호] 혹은 [이메일 주소] 가입하기를 누르고 정보를 입력한 후 [다음]을 누른다.

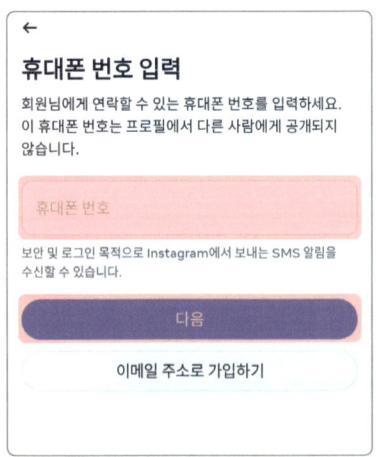

05 [인증코드]를 입력한 후 [다음]을 누른다.

06 [이름입력]란에 사용자 이름(사용할 아이디)을 입력 후 [다음]을 누른다.

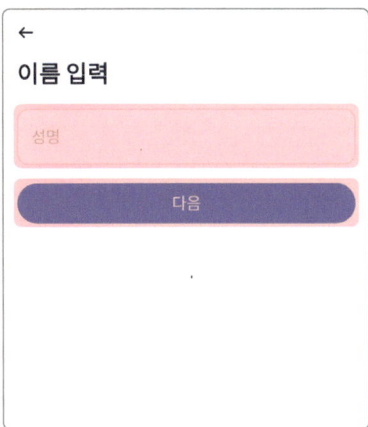

07 [비밀번호 만들기] 비밀번호를 입력 후 [다음]을 누른다.

- 비밀번호는 잊어버리지 않게 꼭 메모해 두자

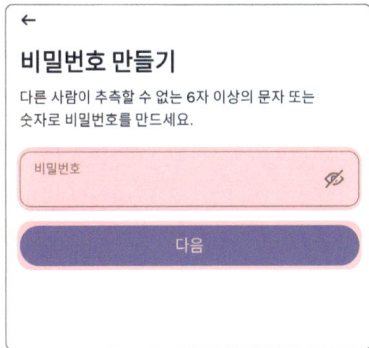

08 [생년월일 입력]칸에 생일을 입력한 후 [다음]을 누른다.

09 이용약관 동의 항목을 체크 후 [동의] 누른다.

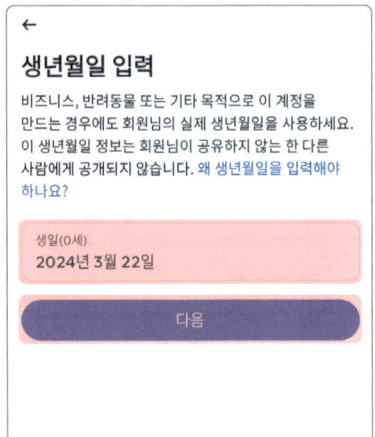 

10 프로필사진추가 [사진 추가] 혹은 [건너뛰기] 누른다.

● 가입 절차를 마친 후 사진을 추가할 수 있다.

11 [가입 완료하기]를 누른다.

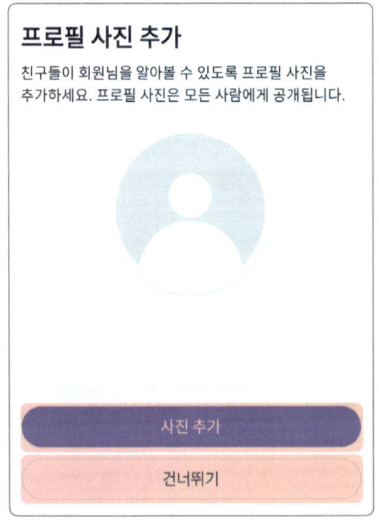 

12 몇 가지 단계를 통해 환경 설정을 할 순서이다.
항목 체크를 한 후 [동의함]을 누른다.

13 완료 화면이 나오면 [닫기]를 누른다.

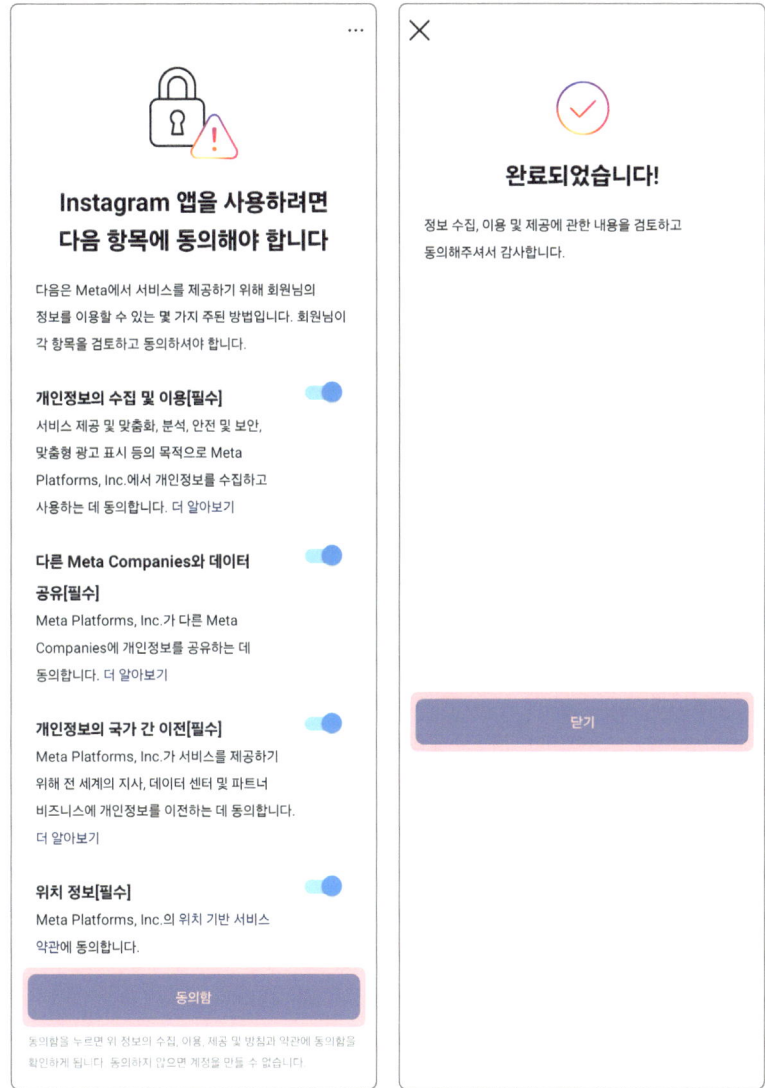

14 [연락처 동기화], [페이스북 추천 받기], [친구에게 팔로우 초대 보내기]는 모두 [건너뛰기] 누른다.

그 이유는 지인 위주로 팔로우하게 되면 인스타그램의 핵심인 관심사 기반으로 하는 알고리즘의 도움을 받는 게 수월하지 않다. 그러니 모두 건너뛰기로 하는 게 좋다.

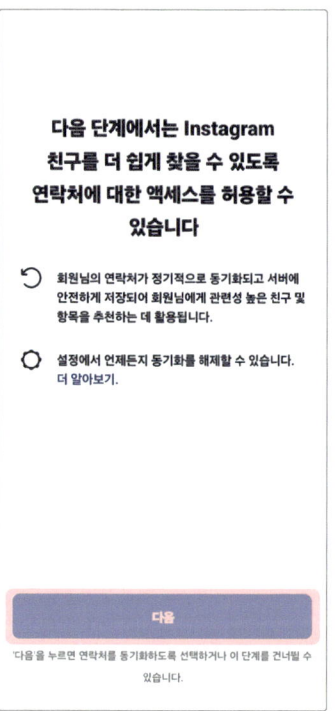

15 계정 공개범위는 [비공개 / 전체 공개] 중 원하는 부분에 체크한다. 비즈니스 계정이라면 [전체 공개]로 설정하자.

16 공개 범위를 선택 후 [다음]을 누른다.

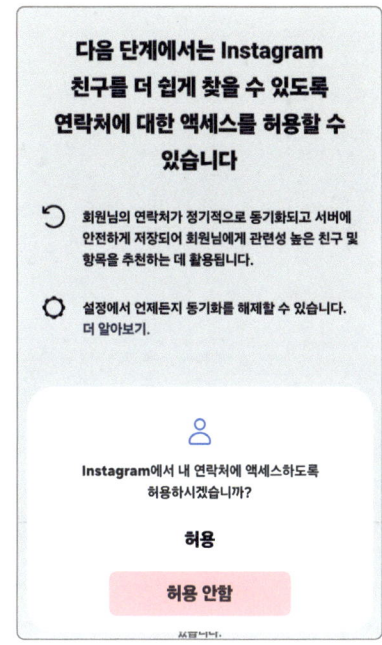 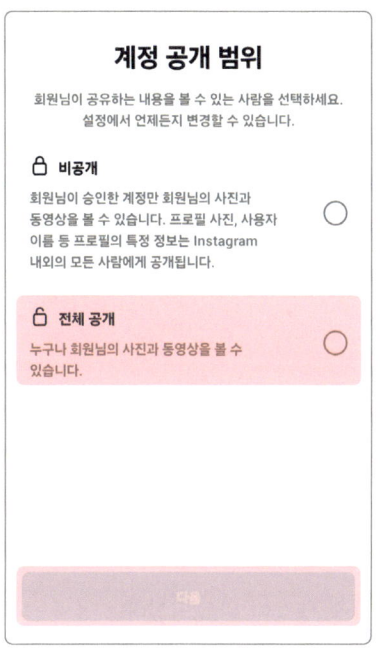

17 친구에게 팔로우 초대 보내기 [건너뛰기] 누른다.

18 계정 생성이 완료되었다.

- 계정 아이디는 수정 및 변경이 가능하다.

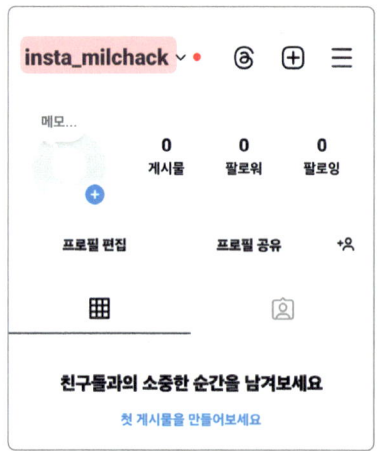

2. 필수 단계

계정 가입 후 2단계 인증은 필수! 반드시 해야만 한다.

매장을 예쁘게 인테리어해서 많은 사람들이 찾는 공간으로 만들고 수익화도 잘 이루어지고 있다고 가정해 보자. 만약 계약을 잘 못했다면? 제대로 된 안전장치를 못 해서 그동안 일궈놓은 것들이 한순간에 무너질 것이다. 오프라인 세상에서 일어나는 끔찍한 일들이 온라인 세상에서 일어나 기도 한다.

실제로, 지인 중에서 1년을 열심히 해서 팔로워 1만 이상을 만들었는데 해킹당하는 바람에 계정을 잃어버린 경우도 있었다. 그뿐만 아니라 유명브랜드 중에서도 몇만이나 되는 팔로워 계정을 하루아침에 해킹당해 못 찾는 경우를 그동안 참 많이 보았다.

그러니 인스타그램 가입 후 그 누구도 훔쳐 갈 수 없도록 계정을 이중으로 보안해야 한다. 그 방법 또한 아주 간단하다. 아래 알려주는 순서대로만 따라 하기만 하면 된다.

🔖 2단계 인증 설정 방법

01 인스타그램 홈 화면 [삼선]을 누른다.

02 [계정 센터]를 누른다.

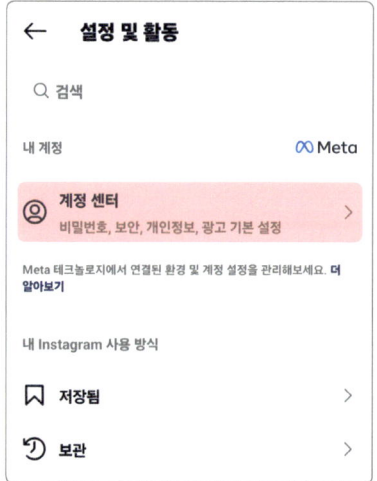

03 [비밀번호 및 보안]을 누른다.

04 [2단계 인증]을 누른다.

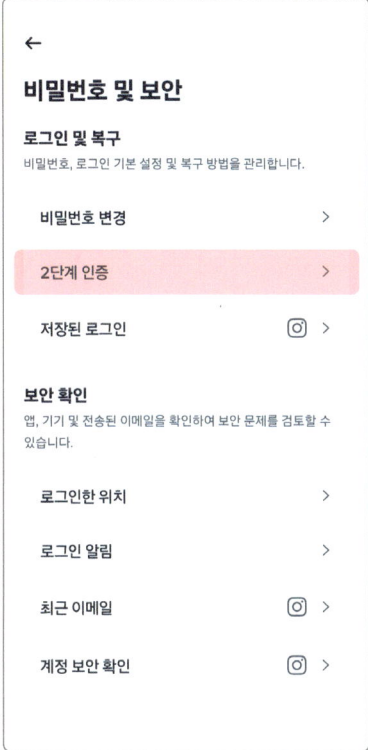

05 설정할 계정을 선택한다.

06 [보안수단]을 선택한다.
책에서는 휴대폰 번호로 코드 전송을 선택해보겠다.

07 선택 후 [다음]을 누른다.

 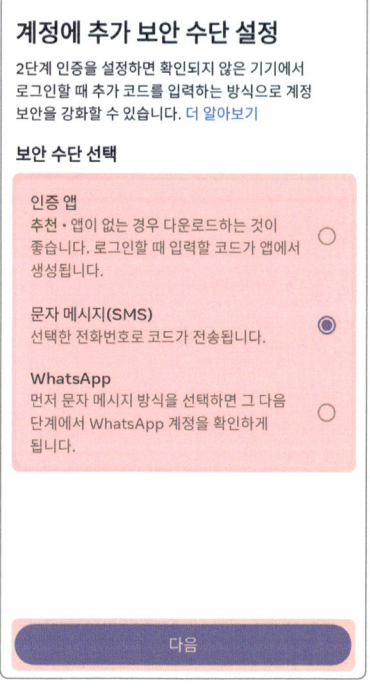

08 전화번호를 입력한 후 [다음]을 누른다.

09 휴대폰으로 전송된 [인증 코드]를 입력 후 [다음]을 누른다.

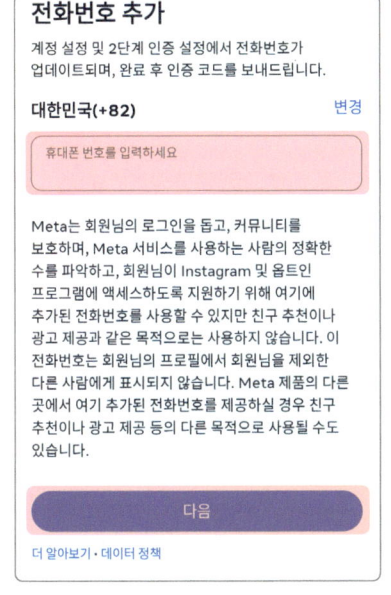
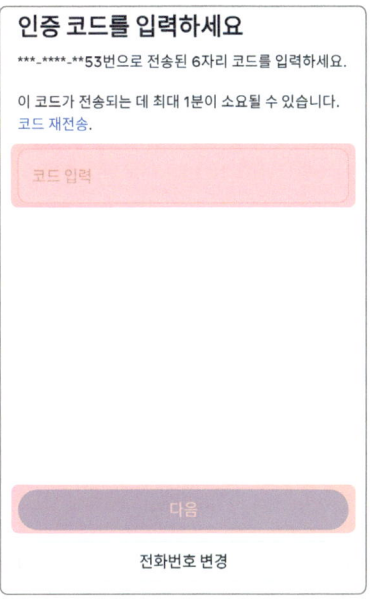

10 [완료]를 누른다.

11 [추가 수단]을 누른다.

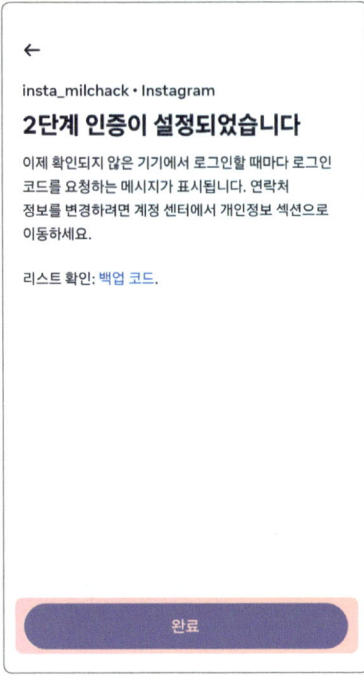

12 [백업 코드]을 누른다.

13 백업코드를 저장한다.

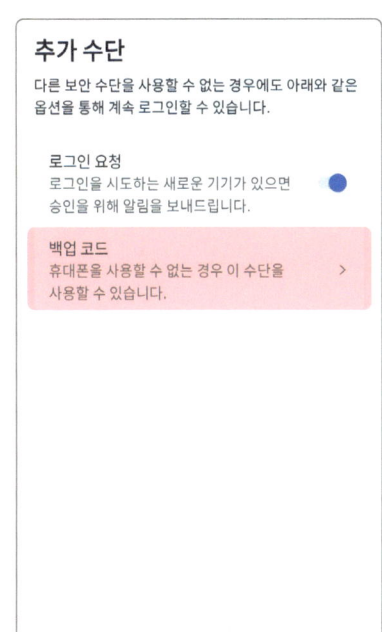 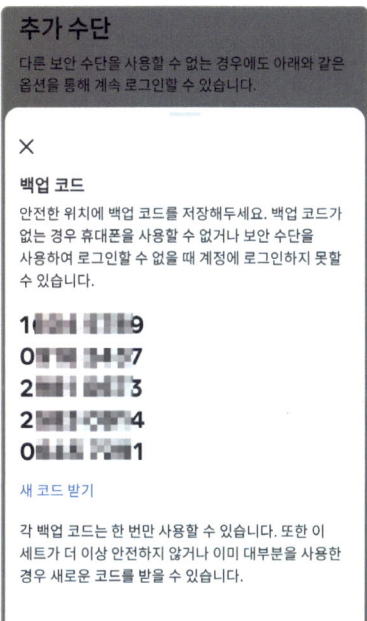

3. 용어 정리

인스타그램 = 오프라인 매장

오프라인 매장과 비교해 보면 이해하기 쉬울 것이다. 매장을 오픈한다고 가정해 보자. 무엇이 필요한가? 일단, 브랜드명(상호), 매장 위치, 인테리어, 제품, 안내 책자, 입간판, 각종 소모품 등등 대충 이 정도는 기본적으로 필요하지 않은가?

오프라인 매장에서의 필수 요소들이 인스타그램에서도 그대로 적용된다. 온/오프라인이 어떤 부분이 비슷한지 비교하며 설명해 보겠다. 이러한 개념을 도표와 그림으로 표기해 놓았으니 한눈에 파악하는 데 도움이 되고 아주 쉽게 익히게 될 것이다.

📕 오프라인 매장 vs 인스타그램

	오프라인 매장	인스타그램
1	브랜드(간판)	사용자 이름(아이디)
2	매장로고	프로필사진
3	고객 / 타깃	팔로워 / 팔로잉
4	인테리어	프로필
5	제품진열장	피드
6	스테디셀러	사진
7	베스트셀러	릴스
8	상세페이지	캡션(글)
9	나를 찾아오는 지도	해시태그
10	1층 엘리베이터 소식란 전단지	스토리
11	입간판(포트폴리오)	하이라이트
12	환한 미소(목례)	좋아요
13	소통(대화)	댓글
14	소개	공유
15	장바구니	저장
16	개인쪽지	메시지(DM)

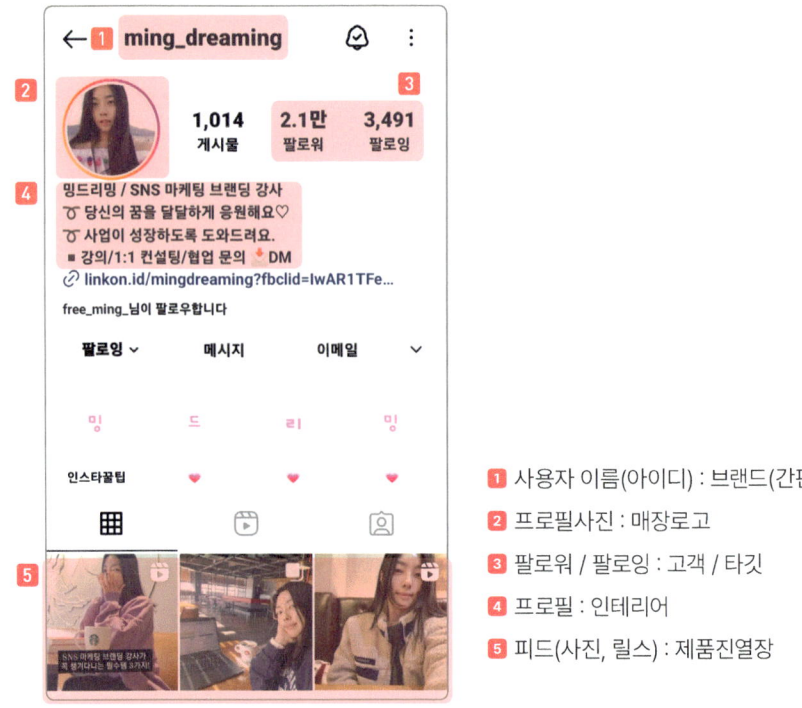

1 사용자 이름(아이디) : 브랜드(간판)
2 프로필사진 : 매장로고
3 팔로워 / 팔로잉 : 고객 / 타깃
4 프로필 : 인테리어
5 피드(사진, 릴스) : 제품진열장

1. 사용자 이름(Username)

브랜드명(상호)이라고 생각하면 된다. 매장 간판인 셈이다. 인스타그램에서 사용하는 자기만의 이름을 말한다. 계정을 생성할 때 지정하며, 일반적으로 영문, 숫자, 언더바(_)와 마침표(.)를 조합하여 만든다. 자신이 기억하기 쉬운 아이디를 선택하고, 개인 또는 비즈니스의 적절한 이미지를 전달할 수 있도록 아이디를 설정하면 좋다.

아이디는 사용자들이 서로를 알아보고, 다른 사용자들과의 소통하는 데 중요한 역할을 한다. 인스타그램의 커뮤니티에서의 활동과 상호작용을 위해 자신만의 고유한 아이디를 만드는 것이 가장 중요하다.

2. 프로필사진(Profile Photo)

매장 로고와 같은 개념이다. 나를 잘 표현할 수 있는 얼굴 사진이나, 브랜드 로고 이미지를 넣으면 신뢰감 형성에 도움이 된다.

3. 팔로워(Followers)와 팔로잉(Following)

팔로워는 나의 고객, 팔로잉은 나의 타깃 혹은 관심사가 같은 친구이다. 팔로워는 자신을 팔로우하는 사용자, 팔로잉은 자신이 팔로우하는 사용자들을 의미한다. 나의 고객이 될 만한 계정이나 관심 있는 사용자를 팔로우하면 된다.

4. 프로필(Profile)

매장의 인테리어이다. 그 집의 분위기를 한 번에 알 수 있기 때문이다. 인스타그램 계정의 개인 또는 비즈니스 정보를 담고 있는 페이지이다. 여기에는 키워드, 소개 글, 웹사이트 링크 등이 포함되어 사용자의 정보를 파악할 수 있다.

5. 피드(Feed)

제품 진열장이다. 인스타그램 계정의 메인 화면이다. 사용자가 올리는 게시물을 의미하기도 한다. 각 게시물은 사진, 동영상, 텍스트 등의 콘텐츠로 구성되며, 해당 게시물에는 '좋아요'를 누르고 댓글을 남길 수 있다.

사진과 릴스는 회사의 제품이다. 내가 보여주고 싶은 모습이다. 인스타그램에 업로드되는 사진, 동영상 등의 콘텐츠를 말한다. 게시물은 사용자의 프로필에 피드로 표시되며, 팔로워들은 게시물을 볼 수 있고 '좋아요'를 누르거나 댓글을 남길 수 있다.

또한 사용자들이 팔로우한 계정의 게시물이 시간순으로 표시되는 공간을 말한다. 피드는 사용자가 인스타그램을 열었을 때 가장 먼저 보이는 화면이며, 팔로우한 계정의 최신 업데이트를 확인할 수 있는 중요한 영역이다.

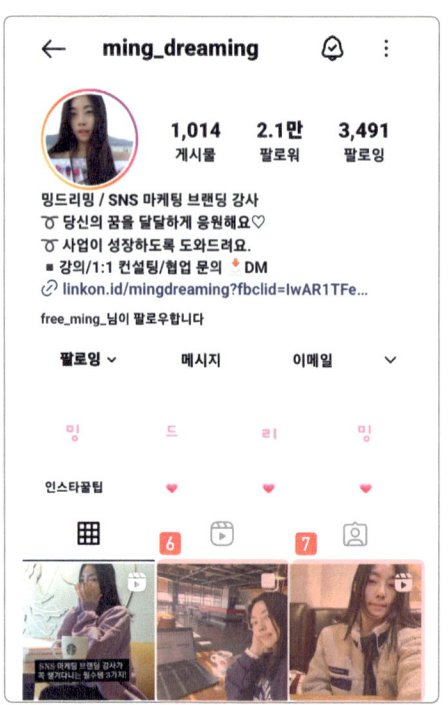

6 사진 : 스테디셀러

7 릴스 : 베스트셀러

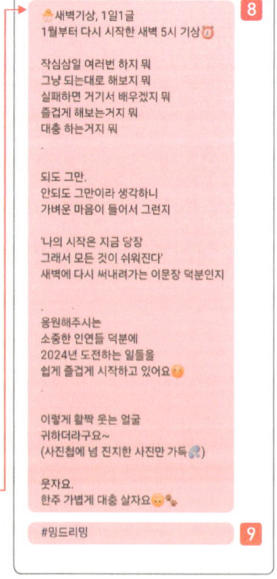

8 캡션(글) : 상세페이지

9 해시태그 :
　　　　　나를 찾아오는 지도

6. 사진(Photo)

사진은 스테디셀러이다. 인스타그램에서 꾸준히 일반적으로 사용되는 콘텐츠 형식이다. 해당 사진에 캡션, 해시태그, 위치 정보 등을 추가할 수 있다. 사진은 사용자의 프로필 페이지와 함께 피드에 표시되며, 팔로워들이 해당 사진을 볼 수 있다.

7. 릴스(Reels)

릴스는 베스트셀러이다. 오프라인으로 치면 소비가 가장 많고 핫한 제품인 셈이다. 인스타그램의 짧은 영상을 말한다. 릴스를 만들 때는 음악, 효과, 텍스트 등 다양한 요소를 추가하여 창의적이고 재미있는 동영상을 제작할 수 있다. 차별화된 콘텐츠를 통해 새로운 타깃에 연결되고 확산하도록 돕는다.

8. 캡션(Caption)

제품의 상세 페이지와 같다. 게시물에 첨부되는 텍스트로, 사진이나 동영상과 함께 설명, 이야기, 감정 등을 나타내는 글, 이모지, 해시태그를 포함한다. 캡션은 사용자가 게시물을 업로드 할 때 작성되며, 게시물의 의도나 메시지를 전달하고자 할 때 활용된다.

9. 해시태그(Hashtag)

해시태그는 나를 찾아오는 지도이다. 게시물을 작성할 때 사용하는 기호이다. #으로 시작하는 단어나 구문으로, 게시물에 특정 주제나 관심사를 나타내는 데 사용된다. 해시태그를 사용하면 다른 사용자들이 해당 주제에 관련된 게시물을 찾아볼 수 있다.

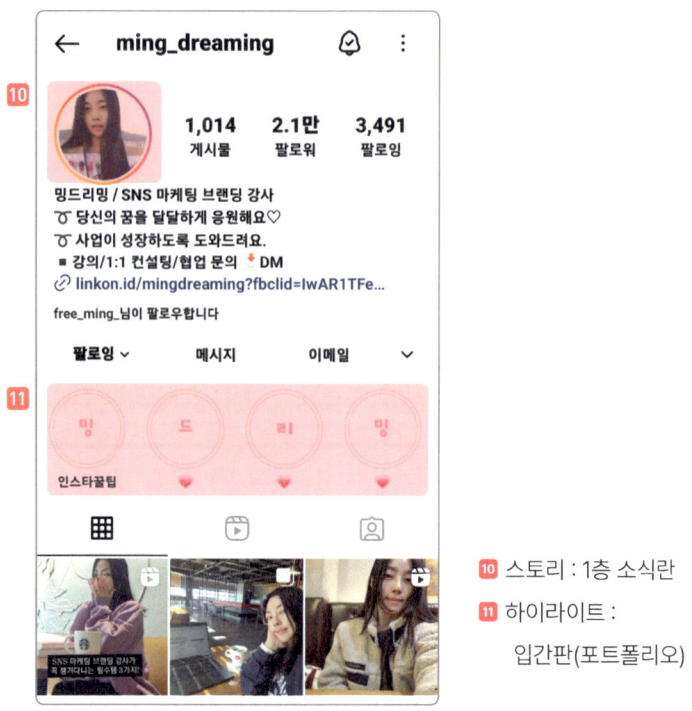

⑩ 스토리 : 1층 소식란
⑪ 하이라이트 :
　　입간판(포트폴리오)

10. 스토리(Story)

아파트 1층 엘리베이터 앞에 붙여놓은 소식란의 전단과 같다. 인스타그램의 스토리 기능은 24시간 동안 임시로 사진, 동영상, 텍스트 등을 공유할 수 있는 기능이다. 스토리는 프로필 사진 위에 붉은색 원형으로 표시되며, 스토리는 자동으로 사라지기 때문에 재미있는 순간들을 더 자유롭게 공유할 수 있다.

게시물에서 볼 수 없는 사진이나 영상을 올리면 반응이 더욱 좋다. 실시간 공유를 통해 팔로워들과 소통이 즉각적으로 일어나고 잠재고객이 스토리를 통해 연결될 가능성도 높다.

11. 하이라이트(Highlight)

매장 앞에 나와 있는 홍보를 위한 입간판이다. 프로필에 표시되는 스토리의 컬렉션이다. 일반적으로 인스타그램 스토리는 24시간 동안만 유지되지만, 하이라이트를 사용하면 스토리를 영구적으로 프로필에 저장하고 공유할 수 있다.

✅ **주의사항**

스토리에 업로드 된 게시물만 하이라이트에 삽입 가능하다. 하이라이트에 공유하고 싶다면 스토리에 업로드 후 하이라이트를 수정하면 된다.

12 좋아요 : 환한 미소
13 댓글 : 소통(대화)
14 공유 : 소개
15 저장 : 장바구니
16 메시지(DM) : 개인쪽지

12. 좋아요(Like)

환한 미소 혹은 목례 정도의 인사가 되겠다. 사용자가 인스타그램의 게시물에 표시하는 반응이다. 다른 사용자의 사진, 동영상, 댓글에 '좋아요' 버튼을 눌러서 표현할 수 있다. '좋아요'는 해당 게시물이나 내용에 대한 긍정적인 피드백인 동시에 사용자들 간의 상호작용과 소통을 증진하는 역할을 한다.

'좋아요'는 게시물 아래에 작은 하트 모양의 버튼으로 표시된다. 사용자가 게시물을 보고 '좋아요' 버튼을 누르면, 해당 게시물의 '좋아요' 수가 증가하게 된다. '좋아요'를 통해 팔로워나 다른 사람의 콘텐츠에 대한 관심과 긍정적인 반응을 표현할 수 있다. 서로의 활동을 응원하며, 인스타그램 커뮤니티와의 연결을 형성하는 데 도움을 준다.

13. 댓글(Comment)

댓글은 소통, 즉 대화라고 생각하면 쉽다. 해당 게시물 아래에 작성되며, 사용자들은 게시물을 보고 댓글 난에 자신의 의견이나 감상을 작성할 수 있다. 댓글은 텍스트로 작성되며, 이모지, 해시태그를 쓸 수 있다.

인스타그램 댓글은 소통을 촉진하는 중요한 요소이다. 게시물에 대한 리액션을 표현하거나, 작성자와 다른 사용자들과 소통하며 의견을 나눌 수 있다. 댓글을 통해 서로의 콘텐츠에 대한 의견을 나누고, 긍정적인 피드백을 주고받거나 추가적인 정보를 제공하는 좋은 소통 창구가 된다.

14. 공유(share)

소개라고 생각하면 편하겠다. 마음에 드는 매장이나 상품을 지인에게 알려주듯이 인스타그램에서 제품을 홍보하거나 정보를 전달하기 위해 해당 게시물을 공유하는 기능이다. 콘텐츠를 확산시키고 상호작용을 활성화하는 데 중요한 역할을 한다. 공유를 통해 잠재고객에게 콘텐츠를 노출해 팔로워 수를 증가시키는 기회를 얻을 수 있다. 게시물뿐 아니라 스토리, 릴스 공유도 가능하다.

15. 저장(Saved)

저장 즉 장바구니이다. 마음에 드는 제품 혹은 다시 보고 싶은 콘텐츠를 내 계정 보관함에 저장해 놓는 것이다.

16. 디엠(Direct Message)

다이렉트 메세지 즉 개인 쪽지라 생각하면 좋다. 상대방과 1:1로 소통할 수 있고 개인적인 대화가 가능해 친밀한 관계를 만드는 데 도움을 준다.

PART 1

기본편

03 _ 골조 공사 : 탄탄한 기둥! 프로필 설계에도 정답이 있다.

1. 브랜드의 이름 : [사용자 이름]

2. 브랜드의 얼굴 : [프로필 사진]

3. 브랜드의 이미지 : [프로필]

4. 브랜드의 광고판 : [하이라이트]

5. 브랜드의 홍보 도구 : [사진, 릴스]

6. 알고리즘이 사랑하는 프로필 작성법 : [프로필 최적화]

7. 프로필 최적화 예시

03 _ 골조공사 : 탄탄한 기둥! 프로필 설계에도 정답이 있다.

골조는 말 그대로 건물의 뼈대이다. 건축물을 지지하는 역할을 한다. 벽, 바닥, 보, 기둥 등의 구조가 해당된다. 뼈대가 튼튼하지 않으면 계속 높이 쌓아 올릴수록 무너질 수밖에 없다. 기초공사 다음으로 가장 중요한 것이 바로 골조 공사이다. 인스타그램에서 골조 공사는 프로필 설계에 해당된다.

프로필 설계는 손님을 맞이할 때 처음 보여주는 현관과도 같다. 우리 매장의 첫인상을 좌우하는 아주 중요한 요소이다. 여기가 어떤 곳인지, 뭐 하는 곳인지, 어떤 분위기를 보여주고 싶은지를 보는 순간 파악하도록 뼈대를 만들면 된다. 그렇다고 구구절절 많은 내용을 담지는 마라. 온라인 매장의 핵심은 단순함이니까! 눈에 딱 잘 보이도록 줄이고 줄여야 한다. 짧고 간결하게 고객들이 한 번에 알아볼 수 있도록 쉽게 인테리어 하면 된다.

탄탄한 뼈대를 갖추면 알고리즘의 간택을 받고 팔로워를 확산하는 역할을 한다. 즉 인스타그램을 통해 사업의 성장을(유입률 증가, 팔로워 증가 등) 돕는다. 이번 장에서 알려주는 프로필 설계 기본값, 이것만 알면 프로필 최적화는 아주 간단하고 쉽다. 프로필 설계 공식은 다음과 같다.

인스타그램 메인 화면이 곧 나의 명함인 셈이다. 어떻게 뼈대를 세우냐에 따라 내가 원하는 대로 제대로 된 건물을 지을 수 있을지 없을지가 판가름 난다. 5가지 핵심만 알면 누구나 최적화된 프로필을 설계할 수 있다.

1. 사용자 이름(계정 아이디)

아이디는 짧고 기억하기 쉬워한다. 브랜드나 본인의 이름을 사용하는 것이 좋으며, 일관성 있는 사용자명을 유지하라.

2. 프로필 사진

프로필 사진은 클릭 가능한 이미지이다. 따라서 로고 또는 본인의 사진을 사용하여 프로필을 인식하기 쉽게 설정하라.

3. 프로필

프로필에 키워드, 브랜드의 핵심 메시지와 소개, 연락처를 명시하라. 비즈니스를 간략하게 설명하고, 웹사이트나 이메일 주소를 추가하라.

4. 하이라이트

인스타그램 하이라이트를 사용하여 주요 콘텐츠를 부각하고 나만의 포트폴리오를 만들어보라.

5. 게시물(사진, 릴스)

브랜드의 방향성에 맞게 콘텐츠를 획일화하여 꾸준하게 콘텐츠를 다양한 그릇에 담아보자.

1. 브랜드의 이름 : [사용자 이름]

오프라인 매장을 오픈했다면 제일 먼저 해야 할 부분이 무엇인가? 상호, 간판, 인테리어, 제품, 사은품 결제 시스템 정도는 기본으로 필요하다.

바로 이 상호에 해당하는 것이 아이디인 셈이다. 아이디는 회사를 대표하는 이름인 것이다. 가장 나다운 아이디, 가장 나를 잘 표현하는 이름을 대문에 걸어야 한다.

1. 아이디 설계

아이디는 영어와 기호(점(.)과 언더바(_))를 조합해서 사용 가능하다. 간단하게 한눈에 알아보도록 만드는 것이 좋다. 가독성을 높이기 위해 영어 철자 사이에 기호를 넣어도 좋다.

특별한 경우 빼고는 숫자는 되도록 넣지 말자. 브랜드명이나 의미가 있는 경우 혹은 가독성을 높이기 위해서는 사용할 수 있으나 숫자는 오히려 내 아이디를 기억하는 데 방해만 될 뿐이다.

> **예시** 통영에서 수산물을 판매하고 횟집을 운영하는 대표님이 계셨는데 어떻게 아이디를 만들어 드릴지 고민했다. '통영피쉬'라고 아이디를 정하자고 한 것, 이것을 영어로 아이디를 만들려고 하니 꽤 길었다.
> 'tongyoungfish'
>
> 이렇게 그대로 쓸 수가 있는데, 한눈에 들어오지 않고 임팩트가 없지 않은가?
> 'tongyoung_fish' 'tong_young_fish'
> 'tongyoung.fish' 'tong.young.fish'
> 'tong_young_fish_'

그 고민의 답은 'tong_0_fish'였다.
느낌 오지 않는가? 영어로 쓰기엔 임팩트가 없어 young 대신 숫자 0을 넣은 것이다. 글자 사이사이 _ 기호를 써서 가독성을 높였다. 이런 경우에는 숫자를 사용해도 좋다.

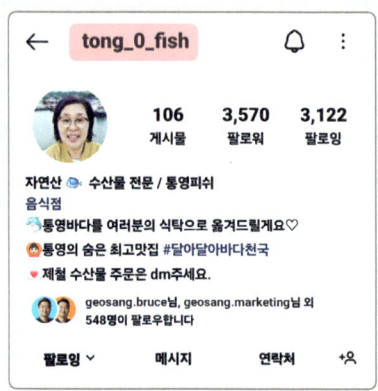

영어로만 사용되는 아이디 특성상 글자가 길어지거나 숫자로 표현하면 더 이해하기 쉬울 때는 숫자를 활용해도 좋다. 그런 경우가 아니라면 영어나 기호('.', '_' 무조건 다음 두 가지 기호만 사용 가능)를 사용해서 자신의 정체성을 나타내도록 하자. 아이디를 만드는 과정에서 비슷한 아이디가 많은 경우가 있다.

긴 단어일 경우는 단어 사이사이 기호를 사용해 보자.

> **예시** 'mingdreaming' 한눈에 읽히기 쉽지 않다.
> 'ming_dreaming'

밍드리밍! 한 번에 읽히지 않는가?
이렇게 단어 사이에 기호를 사용하면 가독성이 높아 읽히기 쉽다. 읽히기 쉬워야 부르기도 쉽고 기억되기 쉽다는 것을 명심하자.

2. [사용자 이름] : 아이디 변경_성공 사례

❶ 달콤 클리닉 : 별내에서 한의원을 운영하고 계신 대표님

기존 아이디는 @jinresearch_swwetnsunny(진리서치 스윗 앤 써니)였다. 아이디가 길어서 인스타 계정에 다 나오지도 않고 부르기도 힘들고 브랜딩하기도 힘들었다. 가장 중요한 것은 한의원을 홍보하기에 매우 부적합한 아이디였다.

1:1 컨설팅을 통해 아이디를 완전히 새로 만들었다. 부르기 쉽고 읽히기 쉬운 아이디 @dalcom_clinic(달콤 클리닉)로 탄생했다. 컨설팅을 통해 아이디 변경, 브랜드 철학을 만들어 드렸고 프로필설계를 탄탄하게 했다.

◀ [사용자 이름] 변경 전
아이디가 길어서
피드메인 화면에
다 보이지 않는 상태

◀ [사용자 이름] 변경 후
한의원 이름에 맞게
적합한 아이디로 변경
읽히기 쉽고
한 눈에 들어오는 이름 완성

❷ 시골힐링 : 자연에서 힐링하며 건강한 전원생활을 하고 계신 대표님

기존 아이디는 @jo_jeongja39(조_정자39)였다. 본인의 이름을 영어로 바꾸어 만든 아이디였다. 밍드리밍의 인스타그램 꿀팁 라이브 방송(#밍라방)에서 '1억짜리 광고판'(다음 챕터 [이름] 편에 자세히 다뤘다.)을 보셨다고 했다. 밍라방에서 배운 대로 프로필 첫 줄을 바꾸고 팔로워가 느는 것을 실감하고 도움을 요청하셔서 컨설팅해 드린 대표님이다.

귀촌한 지 3년 차였고, 시골을 사랑하는 마음이 가득했던 분이라 깊이 고민한 끝에 아이디를 @sigol_healing(시골 힐링)으로 변경했다. 아이디 변경 후 매우 기뻐하셨고, 지금도 자연 속에서 건강한 전원생활을 누리고 계신다.

◀ [사용자 이름] 변경 전
정체성이 모호한 아이디

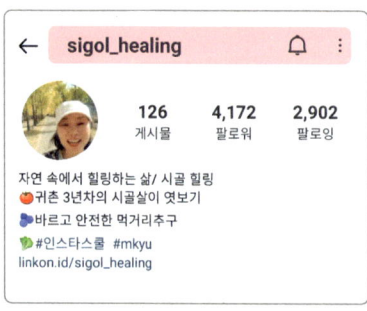

◀ [사용자 이름] 변경 후
정체성이 나타나도록
아이디 변경

🔖 아이디 [사용자 이름] 변경 방법

01 [프로필 편집] 클릭한다.

02 [사용자 이름] → 원하는 아이디를 입력한다.

03 체크 표시를 클릭하면 완료된다.

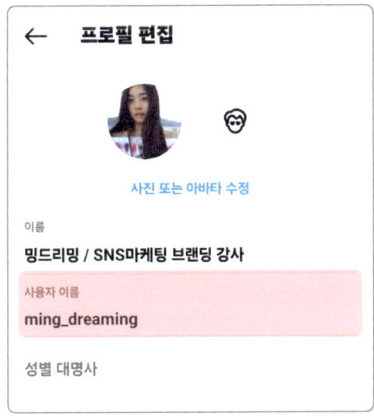 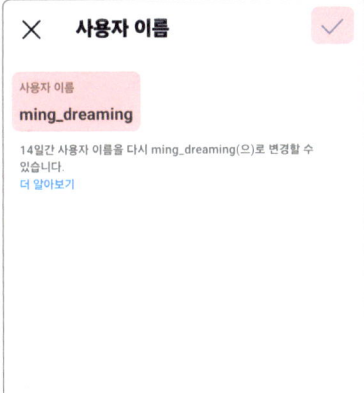

2. 브랜드의 얼굴 : [프로필 사진]

프로필 사진은 브랜드의 얼굴이다. 로고라고 생각하면 된다. 그렇기 때문에 계정운영자의 얼굴이 목선까지 나오도록 사진을 설정하면 좋다. 그것도 아주 밝은 모습으로 말이다.

간혹 프로필 사진에 계정 운영자의 얼굴 말고 다른 이미지를 넣는 경우도 많은데, 이런 경우를 쉽게 비유하자면, 매장에 손님이 왔는데 주인은 인사도 안 하고 키우는 반려동물이 그나마 반갑게 맞아주는 격과 같다.

인스타그램 계정으로 무언가를 해보고 싶어 시작한다면 반드시 프로필사진은 계정 주인의 얼굴로 바꾸길 바란다. 만약 오프라인 매장이라면 대표 제품 혹은 브랜드를 대표하는 이미지를 사진으로 설정하는 것도 괜찮다.

📑 프로필 사진 변경하기

01 [프로필 편집]을 클릭한다.

02 [사진 또는 아바타 수정]을 클릭한다.

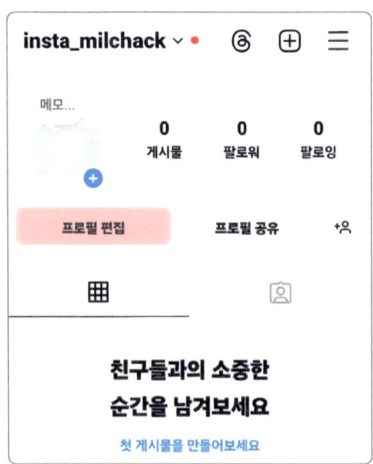 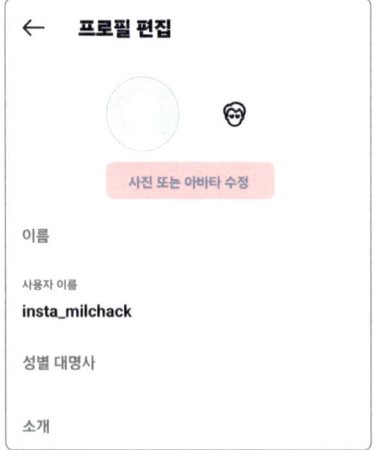

03 [새로운 프로필 사진]을 선택한다.

04 갤러리에서 변경할 사진을 선택한다.

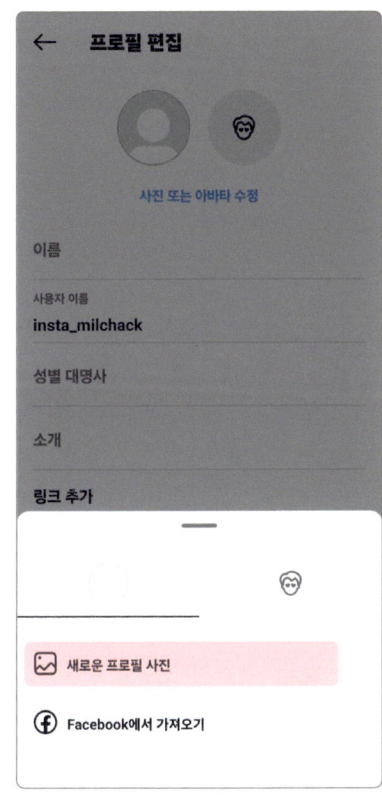 

05 사진을 손으로 화면에 확대하여 채운 후 [다음]을 누른다.

06 필터에서 원하는 필터로 변경 후 [다음]을 누른다.
[수정]을 선택하면 조정, 밝기, 대비, 구조 등 사진색감을 조금 더 디테일하게 수정할 수 있다.

07 원하는 필터를 선택 후 [다음]을 누른다.

08 프로필 사진 변경이 완료되었다.

3. 브랜드의 이미지 : [프로필]

프로필은 브랜드의 이미지이다. 브랜드의 철학 즉 핵심 메시지와 소개, 적합한 키워드, 연락처를 명시하라. 브랜드 또는 개인의 주요 관심사나 서비스를 간략하게 설명하고, 비즈니스로 연결되는 웹사이트나 이메일 주소의 링크를 추가해보자. 프로필은 잠재고객이 내 브랜드의 이미지를 일차적으로 판단하는 중요한 기준이 된다. 잘 만든 프로필을 통해 비즈니스가 활발해지기도 하고 팔로워도 증가하는 역할을 하니 하나하나 놓치지 말고 따라 해보자.

1. [이름] : 키워드 공략

프로필 이름 = 1억짜리 광고판

키워드는 특정 주제나 내용을 나타내는 핵심 단어 또는 구를 말한다. 온라인에서 검색하거나 특정 주제에 대한 정보를 찾고자 할 때, 그 주제와 관련된 키워드를 검색 창에 입력하면 해당 키워드와 관련된 웹 페이지를 찾아준다.

예를 들어 '겨울철 피부 관리'라는 키워드를 검색 엔진에 입력하면 피부 관리와 관련된 정보나 제품을 검색할 수 있다. '키워드'는 바로 내가 원하는 것을 제대로 찾아주는 '열쇠가 되는 단어'인 셈이다. 즉, 키워드는 찾고자 하는 정보를 명확하게 표현하기 위해 사용되며, 검색 결과의 정확도와 관련성에 영향을 미친다. 또한, 키워드는 광고나 마케팅 분야에서도 중요한 역할을 한다.

잠재고객의 문을 열도록 돕는 열쇠가 되는 단어 키워드! 나를 한 단어로 표현하면 어떻게 적을 수 있을까? 나의 제품이나 콘텐츠, 나의 브랜드를 나타내는 한 단어는 무엇인가? 내 제품을 잠재고객은 어떤 단어로 검색해서 찾고 구매할까?

네이버에서 '사과'를 검색하면 바로 상단에 나오는 파워링크가 인스타그램의 [프로필 이름]과 같다. 파워링크를 달려면 키워드 광고비로 한 달에 1억 이상이 든다. 인스타그램의 경우는 검색 탭에서 원하는 키워드를 입력하면 거기에 맞는 계정이 바로 나온다. 네이버의 1억짜리 광고판 자리가 바로 [프로필 이름] 칸인 것이다! 그 자리에 브랜드 혹은 제품의 적합한 키워드를 입력하면 된다.

키워드라는 것이 구매자가 그 제품을 사기 위해 검색하는 단어인 셈이다. 그렇다면 소비자가 찾는, 검색하는 단어를 내 키워드 자리에 넣어야 하지 않을까? 인스타그램은 그 1억 광고비가 공짜인데 안 할 이유가 있을까? 안 하면 바. 보. 이다. 그러니 지금 바로 키워드로 바꾸자! 바꾸는 순간, 광고비로 1억을 벌어가는 셈이다.

일 키워드 검색량, 한 달 키워드 검색량을 분석해서 키워드 양이 많은 단어, 혹은 키워드 양이 적더라도 내 제품을 명확히 찾아낼 수 있는 단어를 조합해서 [프로필 이름] 난에 적으면 된다. 알맞은 키워드만 넣기만 하면 우리 제품이 필요한 고객에게 발견되고 구매를 일으키는 역할을 하기에 1억 이상의 가치를 한다.

예를 들어 청송에서 사과 농사를 짓고 판매한다면 그 자리에 '청송사과' '사과즙' 이렇게 사람들이 검색하는 키워드를 넣어야 한다. 제주도에서 귤을 판매하고 있다면 '제주귤' '귤' 이라는 키워드를 넣는다.

예시 제주귤 / 청송사과 / sns마케팅브랜딩 / 성수동맛집 / 대전한의원 / 집밥 / 쉬운요리 / 동기부여

● 주의사항

프로필 이름은 14일 동안 2번만 바꿀 수 있다. 그러니 무턱대고 바꾸지 말고 잠재고객이 검색할 만한 도움이 되는 키워드를 잘 찾아서 입력하도록 하자.

[이름] 키워드 변경_성공 사례

❶ 다비치하양 : 다비치안경 대구 하양지점을 운영하고 계신 대표님

1:1 컨설팅을 통해 키워드뿐 아니라 프로필 최적화를 도와드렸던 사례이다.

◀ [이름] 변경 전

키워드 자리에 '다비치하양'만 입력된 상태

◀ [이름] 변경 후

검색어가 많지 않은 특성상 본인 제품을 명확히 찾을 수 있는 키워드로 변경

❷ 아로마일상 : 아로마를 통해 강의와 사업을 하고 계신 대표님 키워드뿐 아니라 아이디 변경, 프로필 최적화 컨설팅해 드린 사례이다.

◀ [이름] 변경 전
의미 없는 키워드로 작성해놓은 상태

◀ [이름] 변경 후

● 아로마일상
아이디를 한글로 쉽게
검색할 수 있도록 키워드 작성

● 대구아로마
대구 지역에서 아로마를
검색하는 타깃을 고려해서 작성

● 아로마강사
아로마로 강의를 진행하고 있어
키워드로 작성

[키워드 검색 사이트 추천]

① 네이버 데이터랩(https://datalab.naver.com/)
쇼핑 분야별 클릭 추이와 분야별 검색어 현황을 확인 가능하다.

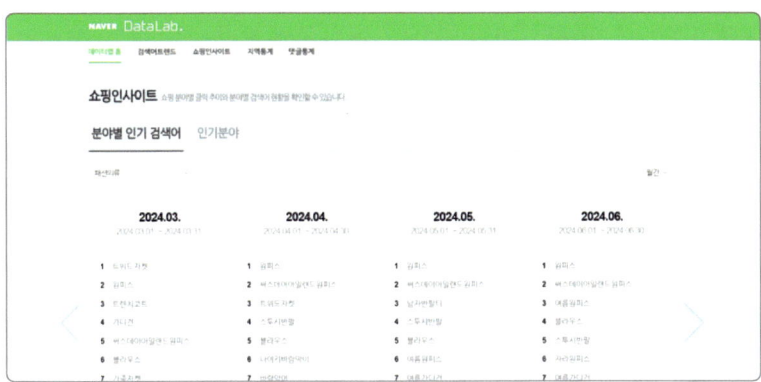

네이버 통합검색에서 특정 검색어가 얼마나 많이 검색되었는지 확인 가능하고, 검색어를 기간별 / 연령별 / 성별로 조회 가능하다.

❷ 블랙키위(https://blackkiwi.net/)
네이버, 구글에서 가장 영향력 있는 웹사이트, 블로그, 카페를 빅데이터를 기반으로 측정된 영향력 순위를 확인 가능하다. 순위는 매일 새벽 갱신된다. 마케팅에 사용할 키워드를 찾지 못해 고민이라면 시드 키워드 확장을 통해 마케팅에 사용할 최적의 키워드를 발굴해 보자.

> **예시** '복숭아' 검색
> 월간 검색량, 월간 콘텐츠 발행량, 연관키워드 등 키워드 분석 정보를 다양하게 살펴볼 수 있다.

❸ 판다랭크(https://pandarank.net/)
키워드를 입력하면 종합 분석뿐만 아니라 연관키워드, 키워드 발굴이 가능하다.

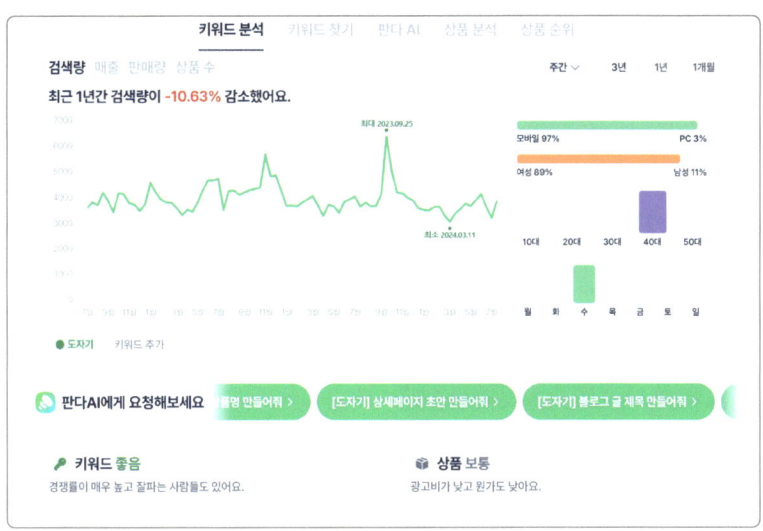

네이버에서 잘 팔리는 상품을 비교 / 분석할 수 있고 키워드별로 잘 팔리는 제품을 세세하게 살펴볼 수 있다.

판다 AI를 활용해 SNS 글쓰기도 가능하고 다양한 방면으로 활용이 가능하다는 장점이 있다.

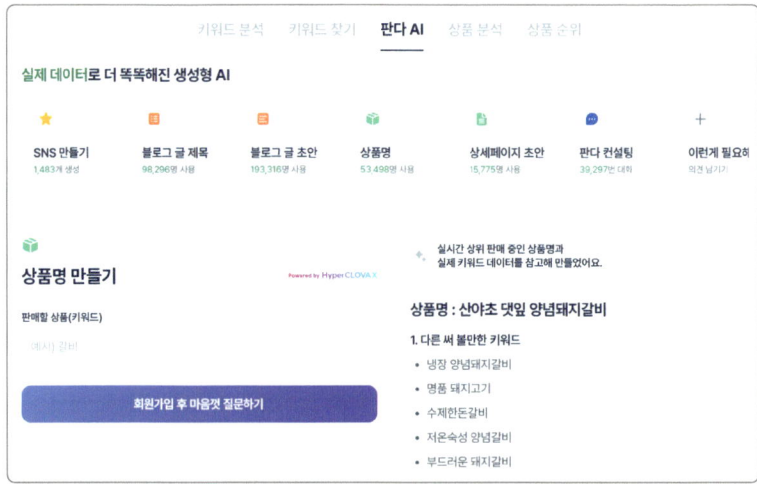

🔖 키워드 [이름] 설정 방법

01 인스타그램 홈 화면에서 [프로필 편집]을 누른다.

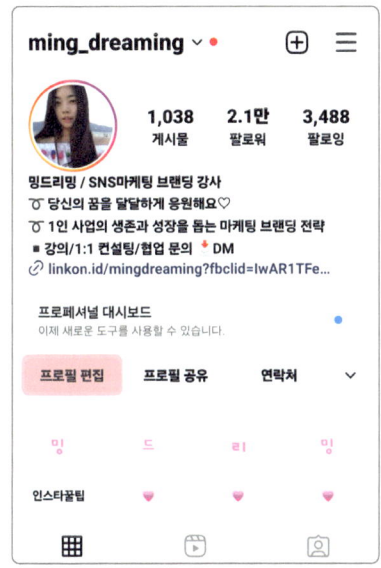

02 [이름] 칸에 원하는 키워드를 입력한다.

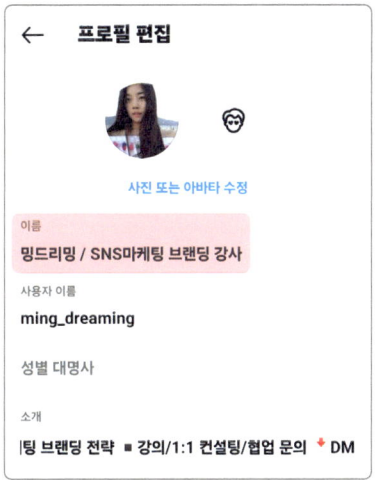

03 입력 후 체크 표시를 누른다.

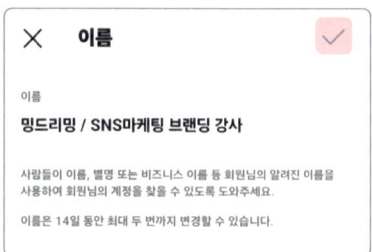

04 완성된 모습이다.

2. 브랜드 철학

브랜드의 철학, 곧 고객의 고민을 해결해 주는 한 줄 메시지이다. 우리 회사, 브랜드, 제품을 잘 나타내고 나의 고객을 끌어당기는 한 줄 메시지는 무엇인가? 나만의 철학은 무엇인가?

그 한 줄의 의미는 상당한 파워를 가지고 있다. 인스타그램 강의, 컨설팅을 시작하면서 나의 철학은 '당신이 꿈꾸는 인스타핏을 입혀드릴게요' 였다. 덕분에 인스타그램을 잘하고 싶은 팔로워들과 잠재고객에게 어필이 잘 되었고 #밍인스타밀착과외 수업은 기수마다 오픈과 동시에 하루 이틀 만에 매진이 되었다. 본인만의 '인스타핏'을 찾아가는 여정을 돕고 함께 할 수 있었다.

인스타그램 컨설팅을 하면서 브랜드의 철학을 만들어드리는 일을 많이 했다. 대표님들의 이야기를 듣고 심도 있게 고민한 후 그 한 줄이 탄생하는 순간, 많은 대표님이 울었다. 그 순간을 보는 것이 큰 감동이었고, 참 행복했다. 그러니 반드시 자신만의 철학 한 줄을 만들어보자. 우리 브랜드와 고객을 연결해 주는 희망의 줄기가 될 것이다.

[브랜드 철학] 변경_성공 사례

① 로댕펫살롱 : 전주에서 애견미용실을 운영하고 계신 대표님
컨설팅을 통해 프로필 대대적 수정, 변경한 사례이다.
아이디 변경, 키워드, 브랜드 철학 프로필 최적화를 만들어 드렸다.

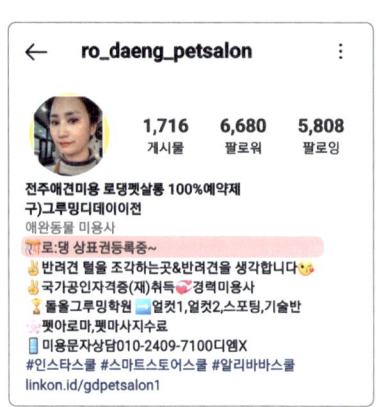

◀ [브랜드 철학] 변경 전

◀ [브랜드 철학] 변경 후

- '언제나 반려견을 생각하는 로댕'
고객은 제품이 궁금한 것이 아니라
제품을 판매하는 사람이
궁금한 것이다.
팔로워 증가하는 데 큰 역할을 한다.

❷ 이루리정원 : 경산에서 도자기 공방을 운영하고 계신 대표님
컨설팅을 통해 브랜드 철학을 직접 만들어 드렸다. 철학뿐 아니라 키워드 소개 등 프로필 최적화 도움을 드린 사례이다.

◀ [브랜드 철학] 변경 전

◀ [브랜드 철학] 변경 후

'벗처럼 오래 곁에 두고 싶은 차 도구를 만듭니다.'
따뜻하고 편안한 대표님의 마인드가 담긴 철학이 탄생했다.

🔖 브랜드 핵심메시지, 철학 설정 방법

01 계정 메인화면에서 [프로필 편집]을 누른다.

02 [소개]를 누른다.

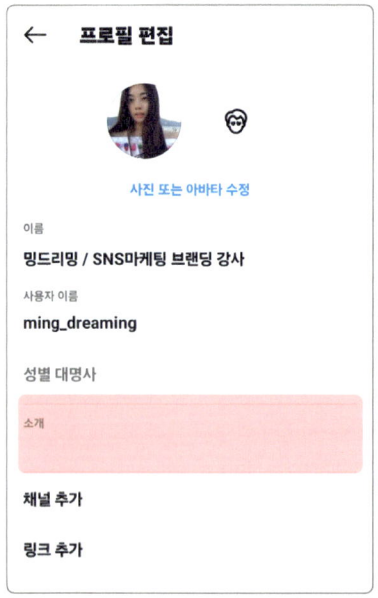

03 [소개] 첫째 줄에 브랜드 철학을 적는다.

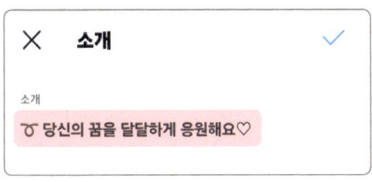

04 입력 후 체크표시 누른다.

05 브랜드의 핵심메시지가 완성되었다.

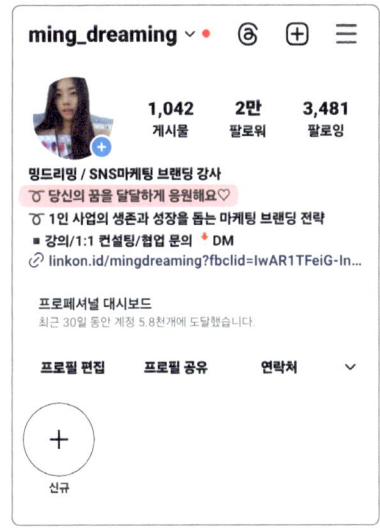

3. 브랜드 소개

브랜드 또는 핵심 제품, 개인의 주요 관심사나 서비스를 간략하게 설명하는 공간이다. 프로필에서 브랜드 철학 아래 줄에 표시되는 내용이고, 고객이 한눈에 우리 브랜드를 인지하도록 가독성 있게 써야 한다. 브랜드 철학 포함하여 프로필 소개는 4줄 이내로 하면 좋다.

[브랜드 소개] 변경_성공 사례

❶ 정인드레스 : 어린이 드레스를 제작, 대여하고 계신 대표님
10년 이상 드레스를 제작하고 계신 전문가였다. 전문성이 나타나도록 브랜드 철학을 만들어 드리고 브랜드 소개 변경, 프로필 최적화 도와드린 사례이다.

◀ [브랜드 소개] 변경 전

◀ [브랜드 소개] 변경 후
브랜드 철학을 만듦으로써 전문성이 극대화된 느낌
브랜드 소개를 통해 고객에게 브랜드 정보를 제공

❷ 꼬불꼬불팜 : 의성에서 마늘 농사를 짓고 계신 대표님

4대째 농사짓고 계시는 특성을 브랜드 소개란에 적용했다.

늘 말하지만, 고객은 제품이 아니라 판매자가 누구인지가 가장 궁금한 법이다. 신뢰를 줄 수 있는 계정을 만들 수 있어야 한다.

◀ [브랜드 소개] 변경 전

◀ [브랜드 소개] 변경 후

4대째 농사짓는 것을 강조
지저분했던 소개란을 깔끔하게 변경
구매링크가 바로 보이도록 수정

🔖 브랜드 소개 설정 방법

01 계정 메인화면에서 [프로필 편집]을 누른다.

02 [소개]를 누른다.

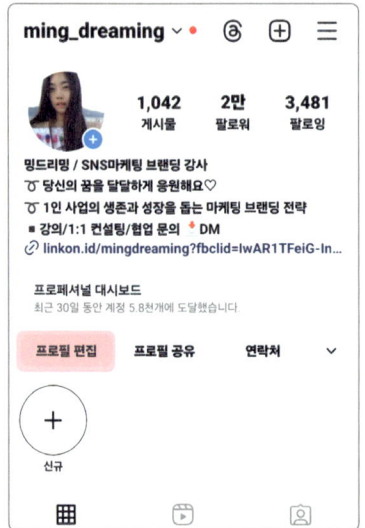

03 [소개]에 브랜드 소개를 적는다.

- 🔴 첫째 줄은 브랜드 철학, 둘째 줄부터 브랜드 소개을 내용 적으면 된다.

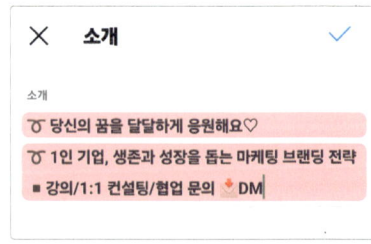

04 입력 후 체크표시 누른다.

05 브랜드 소개가 완성 되었다.

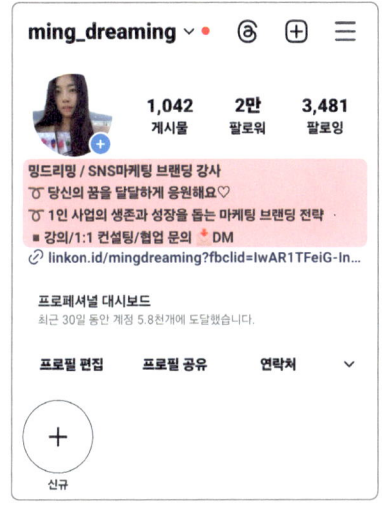

4. 링크입력

잠재고객이 나를 찾아오도록 링크를 입력하라. 오프라인 매장이 있는 경우 주소나 연락처 등 정보를 추가하고, 온라인에서 판매하거나 다른 SNS 계정이나 블로그, 웹사이트로 이동할 수 있도록 프로필에 링크를 추가하자. 연락 수단이나 외부 링크를 제공하면 잠재고객들이 더 쉽게 연락하거나 콘텐츠, 제품을 찾을 수 있도록 도와준다.

🔖 링크 설정 방법

01 계정 메인화면에서 [프로필 편집]을 누른다.

02 [링크 추가]를 누른다.

03 [외부 링크 추가]를 누른다.

04 [URL]에 비즈니스로 연결할 링크를 입력한다.

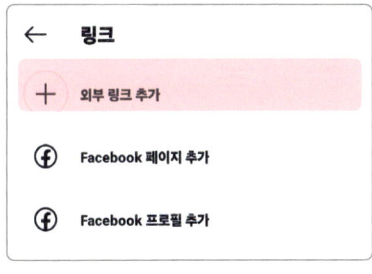 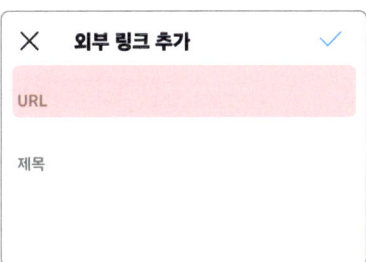

05 [URL]을 입력 후 링크에 맞는 [제목]을 입력한다.

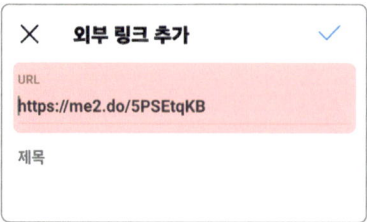 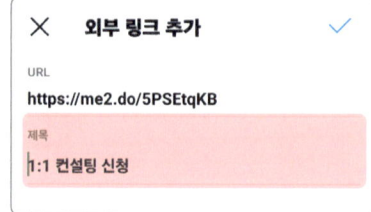

06 모두 입력 후 체크 표시를 누른다.

07 링크가 추가 된 것을 확인할 수 있다.

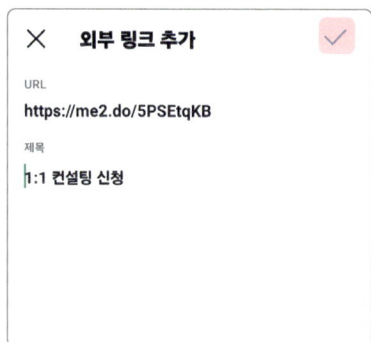 

08 프로필에 링크 설정이 완료되었다.

멀티 링크 소개

인스타그램을 통해 홍보하고자 하는 링크 개수가 많을 경우 링크 여러 개를 한 번에 보이게끔 도와주는 멀티 링크 사이트가 있다. 사이트마다 디자인이 다르니 각자 취향에 맞게 선택하면 좋겠다.

추천사이트

① 링크트리(https://linktr.ee)
② 인포크링크(https://link.inpock.co.kr)
③ 리틀리(https://litt.ly/start_now)
④ 링크온(https://linkon.id)

사용방법

(링크 추가는 위에 설명한 방법과 같다. 다만 링크 추가에 멀티 링크에서 제공해 주는 개인 링크를 삽입하면 된다)

① 원하는 멀티 링크 사이트에 가입한다.
② 사이트에서 제공하는 개인 링크를 복사한다.
③ 인스타그램 앱을 연다.
④ [프로필 편집]-[링크 추가]-[외부 링크 추가] 클릭한다.
⑤ [외부 링크 추가] 자리에 멀티 링크 사이트에서 제공한 개인 링크를 넣는다.
⑥ 체크 표시 누르면 멀티 링크 설정이 완료된다.

4. 브랜드의 광고판 : [하이라이트]

하이라이트 = 천만 원짜리 광고판

하이라이트는 브랜드의 광고판이다. 인스타그램의 '천만 원짜리 광고판' 역할을 하는데 그 이유는 계정 메인 화면을 통해 브랜드홍보, 콘텐츠 강조 등 회사의 포트폴리오 역할을 하는 것이 바로 하이라이트이기 때문이다. 하이라이트를 활용하면 브랜드를 각인시킬 수도 있고, 고객이 궁금한 부분을 한 번에 알아볼 수 있도록 궁금증을 해소해 줄 수도 있다.

1. 역할

브랜드, 제품, 이벤트 등 핵심 내용이나 콘텐츠를 강조한다.

2. 제품의 포트폴리오 기능

콘텐츠를 효율적으로 분류한다. 특정 주제, 카테고리별로 스토리를 그룹화할 수 있다.

3. 브랜드 아이덴티티 구축

연관된 디자인, 색상, 아이콘 등을 활용하여 하이라이트를 꾸미고 브랜드를 시각적으로 표현한다.

4. 정보 제공

프로필을 방문한 사용자에게 추가적인 정보와 콘텐츠를 제공한다. 하이라이트를 설정하는 방법, 하이라이트 커버 만드는 방법은 다음 장에서 자세히 다루도록 하겠다. 주의할 것은 스토리에 올린 콘텐츠를 하이라이트로 넣을 수 있다는 것만 기억하면 된다.

천만 원을 버릴 셈인가? 아니면 공짜 광고판을 활용해 천만 원 이상을 벌어들일 것인가? 선택은 본인의 몫이다.

[하이라이트] 변경_성공 사례

❶ 노마쿡 : 사찰 요리 전문가로 활동하고 계신 대표님
하이라이트 커버를 일관성 있게 깔끔하게 바꾸어 브랜드 통일성을 주었다.

◀ [하이라이트] 변경 전

◀ [하이라이트] 변경 후

한눈에 브랜드이름이 들어오도록
하이라이트 커버 변경
포트폴리오 기능하도록
커버 이름 수정

❷ 스타트 멘토 : 창업 멘토 소상공인 교육을 하고 계신 대표님
컨설팅하면서 전문성확보를 위해 아이디 변경, 키워드와 브랜드소개 등 계정을 완전히 바꾼 사례이다.

◀ [하이라이트] 변경 전

◀ [하이라이트] 변경 후

아이디가 피드메인에 보이도록
하이라이트 커버 수정
시작을 돕는 창업멘토에 맞게
새싹 색깔로 브랜드 톤과 이미지 설정

5. 브랜드의 홍보 도구 : [사진, 릴스]

게시물은 브랜드와 제품을 홍보하는 역할을 담당한다. 사진과 릴스는 인스타그램에서 가장 핵심적인 콘텐츠 형식이다. 피드 메인화면에 나타나는 게시물은 시각적으로 원하는 이미지를 전달하고 잠재고객의 관심을 끌며 브랜드의 이야기를 전달 할 수 있다. 콘텐츠를 다양한 그릇에(사진, 릴스) 담아내는 연습을 많이 하면 이미지에 맞는 피드 톤을 맞추어 낼 수 있게 된다.

잠재고객이 나의 계정에 들어와서 대략적 피드 6~9개 정도를 훑어본다. 브랜드의 방향성에 맞게 콘텐츠를 획일화하여 꾸준하게 업로드 하는 것이 중요하다. 사진과 릴스 업로드 방법은 다음 장에 담아놓았으니 참고하길 바란다.

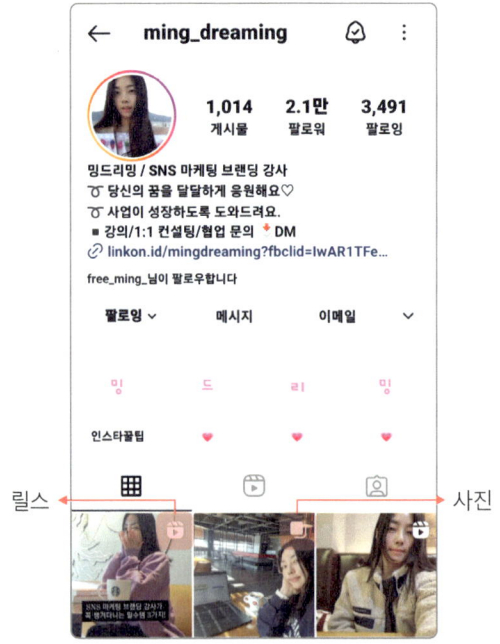

6. 알고리즘이 사랑하는 프로필 작성법 : [프로필 최적화]

잠재고객이 나의 계정에 들어와서 아이디, 프로필 사진, 소개, 하이라이트, 피드 게시물 6~9개 정도를 아주 순식간에 살펴보기 때문에 이것들을 통해 잠재고객을 한 번에 사로잡을 수 있어야 한다. 잠재고객을 나의 고객으로 만드는 전략! 그것이 바로 '프로필 최적화'인 셈이다!

인스타그램 프로필은 자신의 브랜드나 제품을 소개하고 다른 사용자들에게 호감을 줄 수 있는 중요한 부분이다. 이번 장에서 골조공사에 해당하는 탄탄한 프로필을 설계하는 방법에 대해 알아보았다. 사용자이름(아이디), 프로필 사진(브랜드 얼굴), 프로필(브랜드 이미지), 하이라이트(브랜드 광고판), 게시물(브랜드 홍보) 5가지 프로필 설계 공식을 잘 적용해 보자. 제대로 기획하면 잠재고객의 마음을 사로잡는 것뿐만 아니라 알고리즘의 사랑을 받는 것은 식은 죽 먹기이다.

인스타그램 '프로필 최적화'를 위한 몇 가지 팁을 적어 보면 다음과 같다.

1. 계정 아이디는 회사의 상호, 브랜드명이다.

고객이 쉽게 읽히도록 정체성이 잘 나타나는 아이디로 설정한다.

2. 프로필 사진은 브랜드의 얼굴이다.

계정 운영자의 얼굴 사진으로 설정한다. 밝은 이미지로 사진을 목선까지 나오도록 설정하면 좋다.

3. 프로필은 브랜드의 이미지이다.

프로필에 키워드를 반드시 입력하고, 소개의 첫 줄은 브랜드의 철학을 적는다. 나머지 3줄에서 잠재고객의 마음을 사로잡도록 브랜드를 소개한다.

❶ 간결하고 명확하게 브랜드를 소개하라. 짧고 간결한 소개문이 가장 효과적이다. 다른 사용자들이 빠르게 읽고 이해할 수 있는 내용으로 작성하면 좋다.

예시 '여행을 사랑하는 프리랜서 작가'
간결하면서도 핵심적인 관심사를 담은 문구를 작성

❷ 자신의 관심사를 표현하라. 관심분야, 취미, 또는 특별한 활동을 간략히 언급하라. 이를 통해 잠재고객과 공감하고 공통점을 찾을 수 있어 소통하기 쉽다.

예시 집스타그램 / 등산 / 마케팅 / 교육

❸ 자신만의 강점, 특징 강조하라. 자신을 돋보이게 하는 특별한 특징이나 업적을 강조하라. 자랑스러운 경험이나 성과를 언급하면 개인이나 회사 또는 제품을 브랜딩하는 역할을 한다.

예시 전직 은행원 / 3대가 운영하는 농장 / 소비자 대상 수상

❹ 잠재고객이 나를 찾아오도록 적어라. 오프라인 매장이 있는 경우 주소나 연락처 등 정보를 추가하고, 온라인에서 판매하거나 다른 SNS 계정이나 블로그, 웹사이트로 이동할 수 있도록 프로필에 링크를 추가하자. 연락 수단이나 외부 링크를 제공하면 잠재고객들이 더 쉽게 연락하거나 다른 콘텐츠를 찾을 수 있도록 도와준다.

4. 브랜드의 광고판 하이라이트를 적극 활용하라.

브랜드명을 하이라이트 커버로 만들어도 좋고 브랜드를 광고할 수 있는 소재를 넣어도 좋다.

예시 판매 상품 / 상품 후기 / 브랜드 소개 / 찾아오시는 길

5. 브랜드의 홍보 도구가 되는 게시물(사진, 릴스)로 브랜드, 제품을 적극적으로 홍보하라.

브랜드 이미지에 맞는 톤으로 획일화된 콘텐츠를 제공함으로써 고객의 마음 문을 열어라.

7. 프로필 최적화 예시

몸에 맞는 옷을 입으면 어떨까? 프로필 최적화는 나에게 맞는 옷을 입는 것과 같다. 나의 이미지, 브랜드 이미지에 맞는 프로필 사진과 아이디, 브랜드 소개를 한다. 다음으로 링크를 추가, 하이라이트와 게시물을 적극 활용하면 계정 최적화 설정을 한 셈이다. 명확하고 정확한 정보를 제공할 때 잠재고객들이 나를 찾기 쉽고 인스타그램 알고리즘이 나를 타깃에 쉽게 데려가 줄 것이다.

직접 컨설팅하면서 아이디를 수정하고 브랜드에 맞게끔 프로필 최적화한 분들의 인스타그램의 성공 사례를 아래에 담았다. 프로필 최적화 + 콘텐츠 기획을 한 결과 매출 증가뿐만 아니라 팔로워가 상승하는 긍정적인 효과도 얻었다.

프로필 설계 전과 후의 차이를 살펴보고 참고하여 자신에게 맞도록 편집해 보라! 아! 본인 계정 프로필 최적화 전과 후의 사진을 반드시 캡처할 것! 프로필 최적화를 하면 나에게 맞는 딱 맞는 옷을 입은 것은 물론이고, 노출뿐 아니라 팔로워도 늘어나고 아주 재미난 경험을 하게 될 것이다.

🔖 프로필 최적화 계정 성공사례

◀ 프로필 최적화 전

▼ 프로필 최적화 후

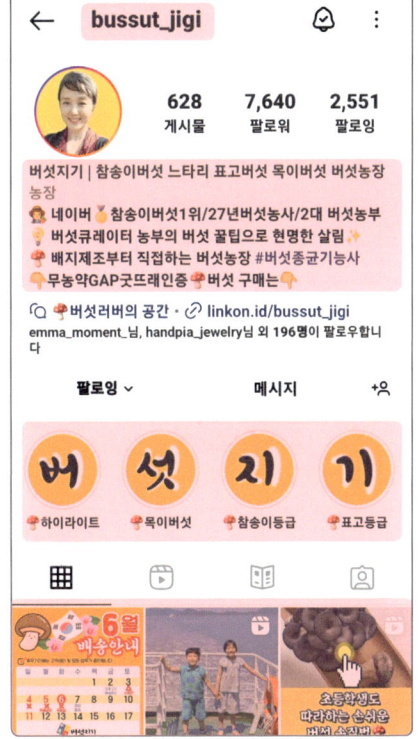

03 _ 골조공사 : 탄탄한 기둥! 프로필 설계에도 정답이 있다.

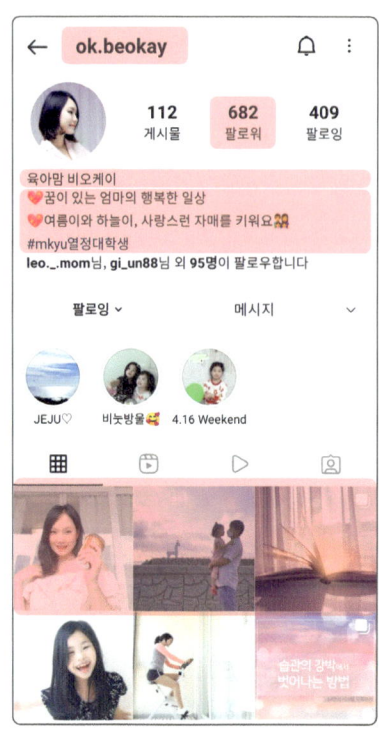

◀ 프로필 최적화 전

▼ 프로필 최적화 후

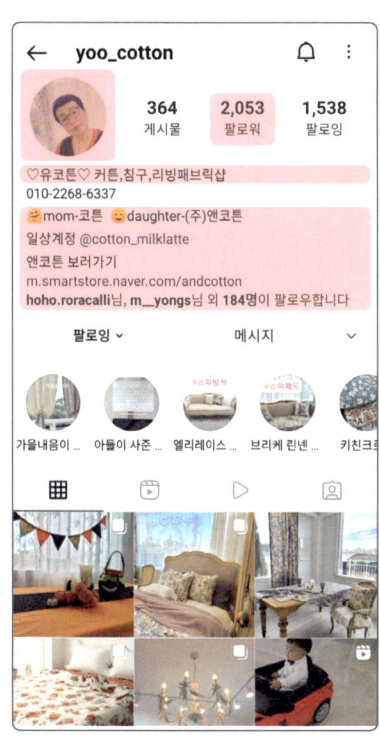

◀ 프로필 최적화 전

▼ 프로필 최적화 후

03 _ 골조공사 : 탄탄한 기둥! 프로필 설계에도 정답이 있다.

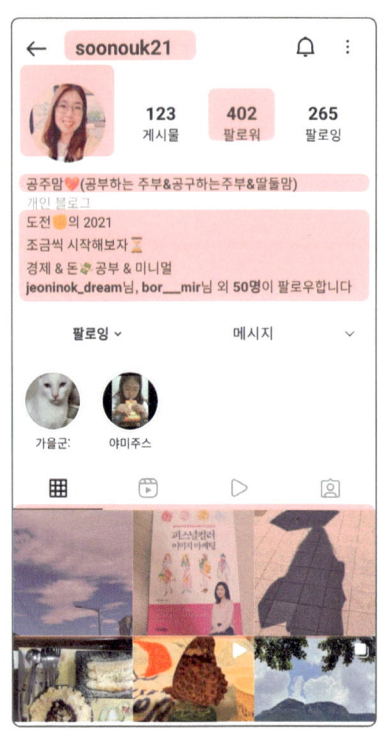

◀ 프로필 최적화 전

▼ 프로필 최적화 후

PART 1

기본편

04 _ 내부 인테리어공사 : 나만의 향기를 가득 담아라!

1. [잠재고객을 홀리는 힘 = 캡션] 작성

2. [느낌표! = 사진] 업로드

3. [인스타그램의 꽃 = 릴스] 업로드

4. [백만 원짜리 광고판 = 스토리] 업로드

5. [천만 원짜리 광고판 = 하이라이트] 업로드

6. 게시물 최적화 사이즈

04 _ 내부 인테리어공사 : 나만의 향기를 가득 담아라!

매력적인 피드, 판매를 일으키는 피드, 무조건 댓글을 남기는 피드! 눈길이 가는 사진, 영상, 글이 있다! 왜 그런 것일까?

오프라인 옷 매장을 예로 들어보자. A매장, 우연히 들어간 매장에 옷은 별로인 것 같은데 사장님이 친절하다면? 옷 코디를 마음에 들게 해준다면? B매장, 디스플레이에 현혹되어 들어 갔더니 마땅히 고를 옷이 없다면? 터무니없이 비싼 금액이라면? 사장님이 계속 강매를 권유한다면? 사장님이 인사도 안 하고 나에게 아무런 관심이 없고 불친절하다면?

매력적인 콘텐츠를 만든다는 것, 글을 쓴다는 것은 무엇일까? 자기만의 향기, 문체 그걸 녹여낼 수 있어야 한다. 어떻게 녹여낼까? 나의 향기를 어떻게 하면 콘텐츠와 글에 잔향이 남도록 할까? 나의 경우 은은하지만 깊은 향이 베는 피드를 만들려고 했다. 쉽게 지나칠 수 없는 사진을 올렸고, 스쳐 지나가듯 읽어 나가지만 끝까지 읽도록 글을 썼다. 내가 올린 게시물을 보고 쉽사리 떨쳐내지 못하는 잔향이 남도록, 힘이 들 때 그 향이 위로가 되고 응원이 되는 꿈을 꾸며 피드를 업로드 했다. 깊게 베인 향기는 쉽게 지워지지 않는 법이다.

어떤 계정은 자극적인 사진과 글로 사람들에게 순간적인 재미를 줄 수도 있고 (후킹 문구), 혹은 감동을 전해줄 수도, 또 누군가는 정보를 줄 수도 있겠다. 어떤 향을 내 피드에 남길지 그건 오롯이 자신의 몫이다. 나머지는 그 향에 취하는 사람들만 남는다는 것을 기억하라. 나의 향을 좋아하고 그 향에 취하는 사람이 나의 잠재고객인 셈이다. 타깃이 좋아할 만한 향을 피드 곳곳에 남겨보라.

인스타그램은 집이다. 집은 평수, 구조, 가구, 디자인도 중요하지만 가장 중요한 것은 그 집에나 풍겨 나오는 향이다. 집에서 나는 향기가 그 집을 말한다. 좋은 향이 나는 집은 기억에 많이 남는 법이다.

상상해 보라! 맛있는 음식 냄새가 가득한 집, 섬유유연제 향 vs 곰팡냄새, 케케묵은 냄새, 노총각 냄새 어떤가? 벌써 기분이 좋아지기도 얼굴이 찌푸려지기도 하지 않은가? 그 집이 '깨끗하다. 넓다. 구조가 좋다.' 이런 것들 보다 우리의 기억에 오래 남는 것은 냄새를 통해 고착된 이미지이다.

온라인 세상에서 나의 집이자 또 다른 매장이기도 한 인스타그램! 어떤 향기로 채우고 싶은가? 인스타그램에서 향기는 게시물(사진, 릴스)과 글로 완성할 수 있다. 어떻게 게시물을 업로드하고 글을 작성하는지 0부터 찬찬히 알려줄 테니 기본부터 다지는 연습을 하자. 그리고 나만의 향기를 조금씩 더해보자.

1. [잠재고객을 홀리는 힘 = 캡션] 작성

글로 사람을 홀릴 수 있을까? 두 사람이 있다고 가정해 보자. 한 사람은 아주 외모가 출중하다. 보자마자 눈이 정화되는 듯 행복해진다. 그러나 대화를 나눠보니 고개가 절레절레 흔들어 질 정도로 밥맛이다. 반면 한 사람은 외적인 모습은 크게 매력이 없어 보였는데 만나서 이야기를 찬찬히 나눠보니 말로 사람을 홀리는 매력이 있지 않은가? 살면서 그런 경험 해 본 적 있는가? 그런 매력적인 말로 마음을 사로잡는 사람을 만나본 적 있는가?

그렇다. 우리가 사람을 만날 때 외모를 보고 그 외모에 홀릴 수 있다. 하지만 외모가 관계를 이어주는 확률은 매우 낮고, 대화를 통해 좀 더 친해지고 깊이 있게 관계를 지속하게 된다. 말의 힘, 인스타그램에서는 바로 글(캡션)이다. 글로 사람을 홀릴 수 있다는 이야기이다. 마음 담은 글 하나가 사람을 위로할 수도, 공감을 불러일으키기도 한다. 잘 쓴 글 하나가 내 제품을 홍보하는 마케터가 되기도 한다. 그만큼 글의 힘은 강력하다.

그렇다면 어떻게 하면 글을 잘 쓸 수 있을까? 누누이 강조했듯이 첫 번째는 '나만의 향기를 담아야 한다.'이다. 사람마다 말투가 다 다르듯 글을 읽으면 그 사람만의 문체, 향기가 있다. 대화를 이끌어가는 방식, 뉘앙스가 다르듯 글 또한 이와 같다. 나의 관심사, 제품, 스토리, 브랜드를 풀어나가는 방식은 다 다를 수 밖에 없다. 그러니 나만의 글을 써야 한다. 어디서 베낀 듯한 글이 아니라 한 줄을 쓰더라도 내 글이어야 한다.

방법은 쉽다. 매일 꾸준히 써보는 것! 피아노 연습하듯 매일 써보는 것이다. 피아노를 매일 치면 나만의 타법이 생기듯 매일 글을 올리다 보면 '나만의 핏'이 완성될 것이다. 하루하루가 힘들다면 2~3일에 한 번은 꼭 인스타그램에 피드를 올려보자.

가장 기본 중의 기본이다. 뭐라도 좋다. 점만 찍어도 좋다. 그러니 연습한다고 생각하고 그렇게 글을 써보자. 이렇게 쌓아나간 점들이 나를 어디로 연결해 줄지 모르니 말이다. 게시물 업로드 시 사진이나 영상을 추가하고 거기에 글(=캡션)을 쓰면 된다. 캡션은 글, 이모지, 해시태그를 포함한다. 입력하는 방법은 아래 게시물 업로드 방법을 참고하면 되겠다.

1. 캡션 잘 쓰는 꿀팁

① 차별화된 콘텐츠
유머, 정보, 꿀팁, 욕망 자극인지 내가 무엇을 줄 수 있는지 명확해야 한다.

② 명확한 타깃
누가 이 피드를 볼 것인가?
누구에게 보여주고 싶은가?

③ 가독성 있게 적어라!
보기 좋은 떡이 먹기도 좋은 법이다.

④ 카피라이터에 목숨을 걸어라.
카피라이터 = 백화점 1층
짧게 그러나 임팩트 있게 써라.

⑤ 첫 2줄을 공략하라.
2줄을 놓치면 그 피드는 사람들에게 외면당한다.

⑥ 트렌드가 아니라 본질
결국 아무리 예쁜 옷을 입더라도 몸매에 따라 핏이 달라진다. 나에게 맞는 핏 어울리는 글을 써라. 그래야 힘들지 않고 오래도록 할 수 있다.

⑦ '싶게끔' 적어라! 욕구 해결에 초점을 두라!
음식이라면 먹고 싶게끔!
옷이라면 입고 싶게끔!
뷰티라면 바르고 싶게끔!
장소라면 머물고 싶게끔!

예시 이영자가 음식 표현하는 방법을 기억하라! 이야기만 듣는데도 이미 머릿속은 그 음식이 상상이 되고 입엔 침이 고이게 만드니까!

❽ 글에 오감을 녹여라!
상상은 죄가 없다. 구매만 불러일으킬 뿐!
상상하도록 오감을 녹여 적어라!
❾ 해시태그, 이모지를 지혜롭게 사용하라!
글에 바이브를 주는 역할을 하기도 하고 검색할 수 있는 역할을 한다.

2. 잘 팔리는 글. 카피라이터. 문구_꿀팁 제목

❶ 지금 바로 써먹고 싶은(해보고)
❷ 액기스만 담은
❸ 완전 도움 되는
❹ 너무 좋은
❺ 나만 알고 싶은
❻ 이걸 아직도 모르는 사람이 있다고?
❼ 평생 써먹는
❽ 써보면 후회 안 하는(후회 없는)
❾ 정말 쉬운
❿ 은근히 많이들 모르는
⓫ 3초 만에 멘탈 잡아주는 마법의 문장
⓬ 인플루언서가 매일 쓰는
⓭ 저절로 클릭하게 되는
⓮ 나도 모르게 클릭하게 되는
⓯ 성공률 300 프로
⓰ 신세계를 선물할

3. 구매 전환율을 높이는 카피라이터, 문구

❶ 한정 수량
❷ 곧 품절 예상
❸ 80프로 이상 재구매
❹ 오픈마다 품절
❺ 1+1 오늘이 마지막 기회
❻ 이 구성은 이번에 마지막
❼ 00을 해결해 주는(문제 해결)
❽ 다시 없을 득템 찬스!
❾ 곧 소멸 예정! 무조건 할인 받으세요.
❿ 많이 사도 이득
⓫ 할인과 쿠폰 3종 혜택이 이번만
⓬ 오늘 할인 역대급!
⓭ 딱 3일만 진행하는 특별 할인!
⓮ 완전 싸게 득템하고 싶다면? 지금이 기회!
⓯ 방심하면 품절!
⓰ 선착순 마감되는 특가할인 찬스

2. [느낌표! = 사진] 업로드

예를 들어보겠다. 놀이공원에 놀러 갔다. 사람들이 많고 북적인다. 친구와 함께 신나게 걸어가고 있는데 저기 멀리서 눈에 띄는 이성이 보인다. 키가 크고 얼굴이 조막만 하다. 분위기도 좋고 완전히 내 스타일인 거다. 눈에 띄는 사람은 멀리서 보아도 딱! 느낌표! 무슨 느낌인지 알 것이다. 바로 인스타그램에서 이미지 사진이 느낌표인 것이다.

많고 많은 인스타그램 계정 피드 중에서! 빠르게 소비하는 콘텐츠 속에서도 저~기 멀리서 보아도 느낌이 딱 오는 이미지! 그런 게시물을 만나봤을 것이다. <u>내가 올리는 사진이 잠재고객에게 느낌표가 되려면 어떻게 하면 좋을까? 고객을 사로잡는 사진은 어떤 것일까?</u> 걱정할 것 없다. 고민하면 답은 나오는 법이니까! 느낌표가 되는 콘텐츠를 만들기 위해 고민하고 기획해야 하는 이유이다.

✅ 참고사항

게시물은 사진과 릴스(영상)로 나눈다. 사진은 10장까지 업로드 가능하고 릴스는 1분 30초 내의 영상만 업로드 가능하다.

🚩 사진 업로드하는 방법

01 인스타그램 홈 화면에서 [+]을 누른다.

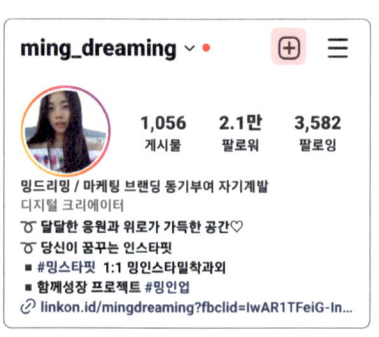

02 [게시물]을 누른다.

03 원하는 사진을 갤러리에서 선택한다.

(여러 장 공유시 여러장 모양 클릭→ 사진 선택)

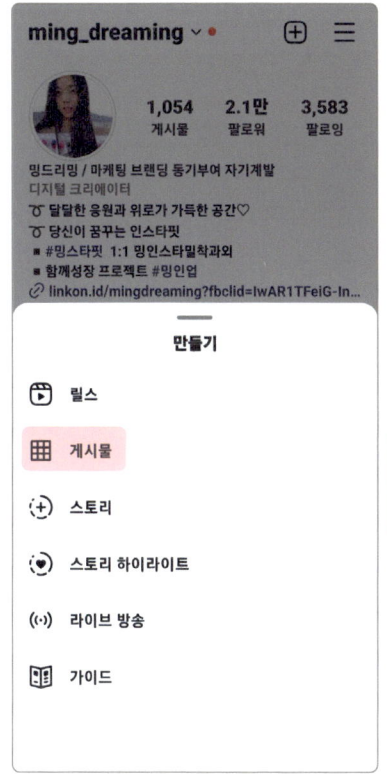 

04 원하는 사진을 선택한 후 [→]을 누른다.

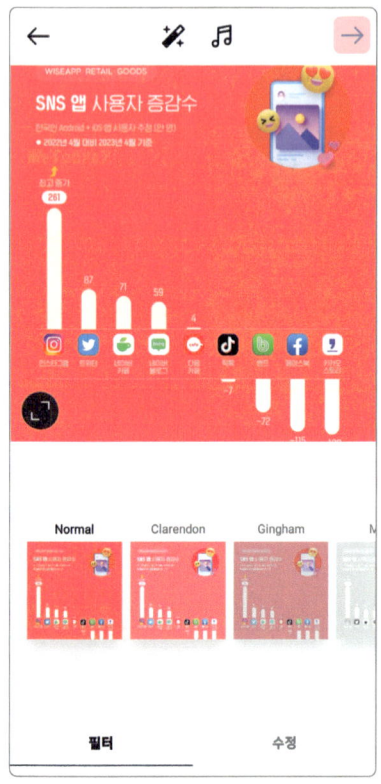

05 사진에 맞는 캡션을 입력한다.

- 인스타그램에서 캡션은 글, 이모지, 해시태그를 포함한다.

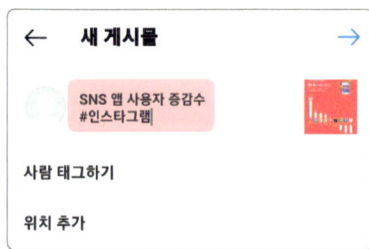

06 캡션을 입력한 후 [→]누른다.

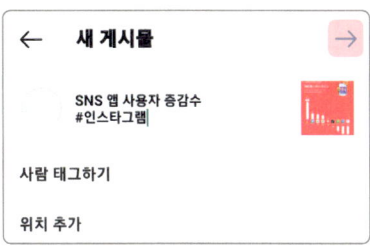

07 게시물 업로드 성공했다.

3. [인스타그램의 꽃 = 릴스] 업로드

릴스(Reels)는 짧은 동영상 형식(1분 30초 이내)의 콘텐츠를 제작하고 공유할 수 있는 기능이다. 릴스가 인스타그램의 꽃인 이유는 단 하나! 사람의 시선을 사로잡기 때문이다. 잘 만든 릴스는 내 계정에 오래 머물도록 도와준다. 알고리즘은 그런 계정을 비 팔로워들에게 기하급수적으로 노출시켜준다. 덕분에 팔로워 수가 수직으로 상승하는 계정들을 종종 볼 수 있는 이유이다.

인스타그램 알고리즘이 계속 변화되면서 릴스로 만든 콘텐츠가 수직 상승할 수 있는 제일 중요한 포인트로 작용하게 되었다. 잘 만든 릴스 하나가 내 계정을 살려내는 작은 불꽃이 되기도 하고, 내 계정을 알려주는 마케터가 되기도 하고, 부수익을 창출해 주는 알바생이 되기도 한다.(인사이트를 보면 수치를 명확히 볼 수 있다.) 그러니 마케팅, 브랜딩을 위해 릴스는 필수 불가결한 요소이다.

인사이트
비즈니스 계정으로 설정하면 게시물의 인사이트를 자세히 볼 수 있다.
[PART 2. 실전편]에서 비즈니스 계정으로 전환하는 방법을 설명해 놓았으니 참고하길 바란다.

릴스 보너스

인스타그램에서 제공하는 [보너스] 중 하나이다. 요건이 충족되어야 릴스 수익화 신청을 할 수 있고 보너스를 받을 수 있다. 나 역시 릴스 보너스 수익화에 성공했고 아래 사진이 릴스 콘텐츠로 얻은 수익금액이다. 지금부터 팔로워들의 사랑을 받는 콘텐츠를 제작해서 릴스 보너스에 도전해보자.

밍드리밍_릴스 수익화 인증

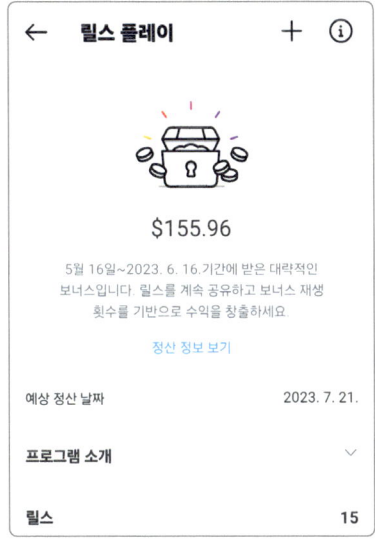

🔖 릴스 업로드하는 방법

01 인스타그램 홈 화면에서 [+]을 누른다.

02 [릴스]를 누른다.

　　릴스는 1분 30초 이내의 영상만 업로드 가능하다. 너무 긴 영상보다는 짧고 임팩트 있는 영상이 팔로워들의 반응을 유도한다.

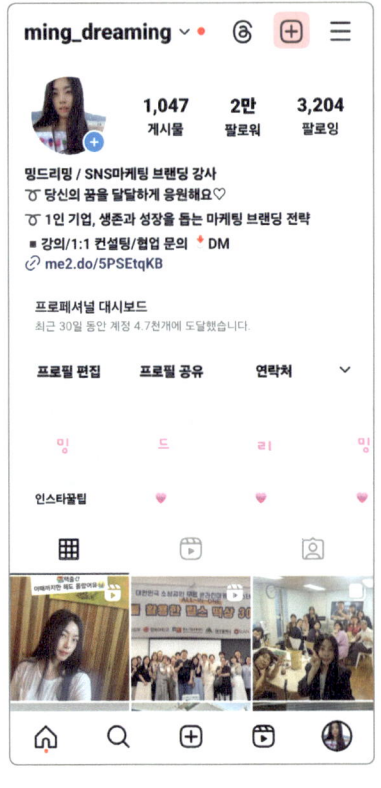 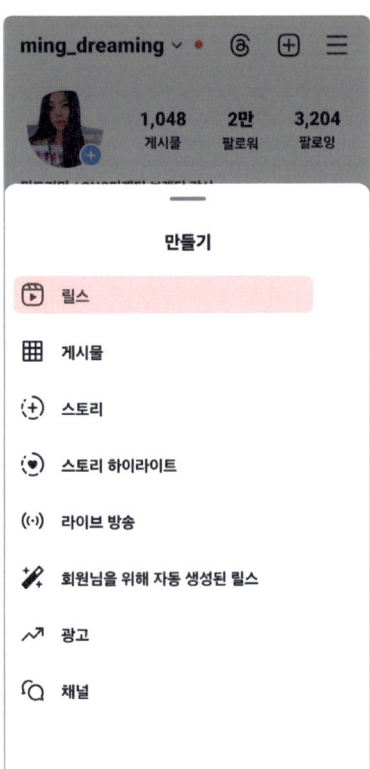

03 갤러리에서 영상을 선택한다.

04 [동영상 편집]을 누른다.
원하는 대로 영상을 자르거나 추가 편집이 가능하다.
글, 음악, 스티커, 목소리 삽입까지 다양하게 편집할 수 있다.

05 편집 툴을 이용하면 릴스에 맞게 글을 넣거나 오디오를 추가하면서 영상을 다듬는 것이 가능하다.

06 [텍스트 추가] 누른다.

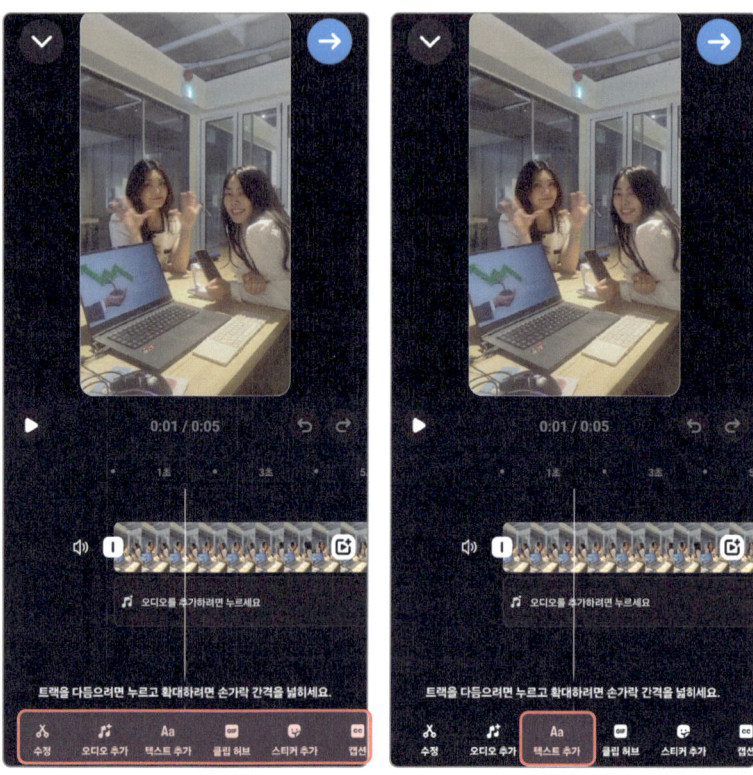

07 릴스에 맞는 글자를 적는다.

글자 크기를 원하는 대로 조절 가능하고 글자 위치도 옮길 수 있다.

08 글자 입력 후 [다음]을 누른다.

09 [오디오 추가]를 누른다.

10 영상이나 원하는 메시지에 어울리는 음악을 찾는다.
[음악 검색]을 사용해 필요한 음악을 검색해 보거나
[회원님을 위한 추천]을 통해 맞는 음악을 살펴보면 된다.

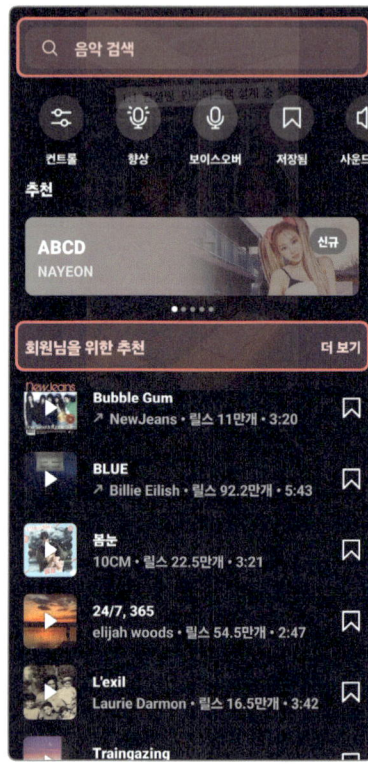

11 릴스에 어울리는 노래를 선택한다.

12 노래의 구간 선택이 가능하다.
필요한 부분, 좋아하는 부분을 사용해 보자.

13 음악 설정을 마친 후 [완료]를 누른다.

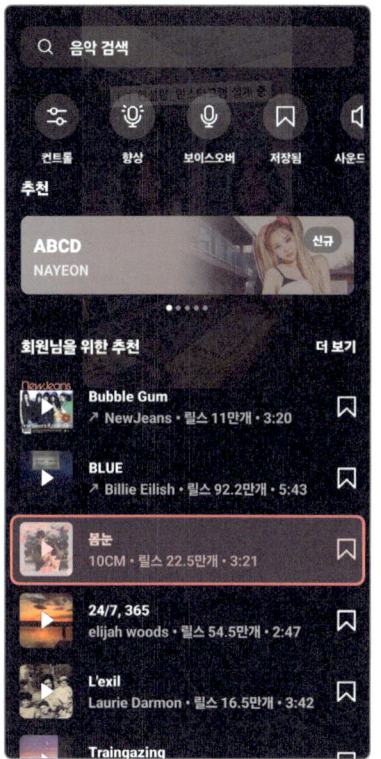 

14 릴스에 캡션을 넣는다. 글, 해시태그, 이모지를 넣어서 가독성 있게 캡션을 작성해 보자.

15 캡션 입력 후 릴스의 메인 화면을 바꾸고 싶다면 [커버 수정]을 누른다.

16 영상에서 커버를 선택해도 되고 만들어 둔 커버 이미지가 있다면 [카메라 룰에서 추가]를 눌러 갤러리에서 선택 가능하다.

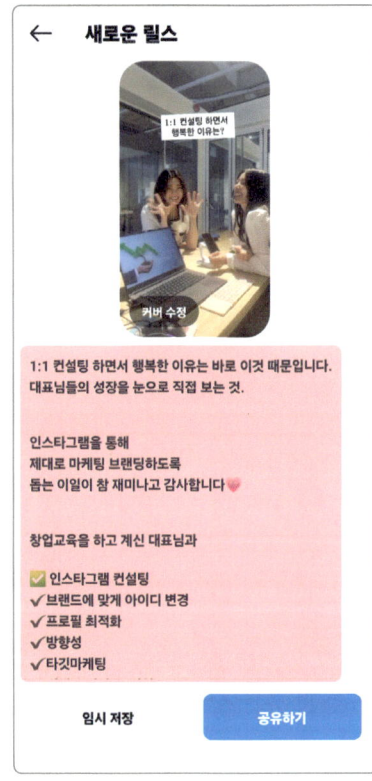 

17 영상을 원하는 대로 편집했다면 [공유하기]를 누른다.

18 릴스 업로드 완성이다.

 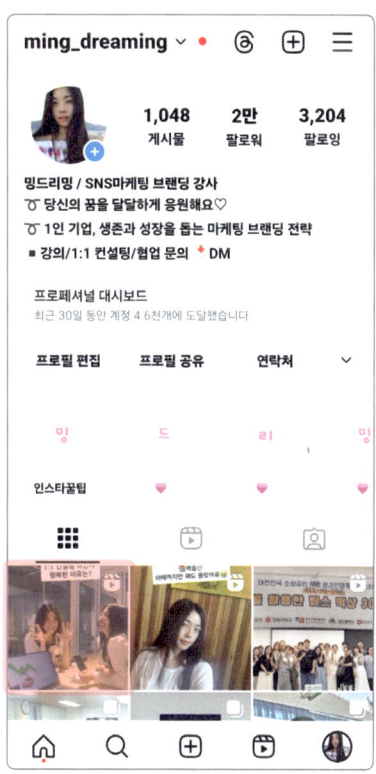

🔖 템플릿을 이용한 릴스 업로드

릴스 영상을 잘 만들고 싶은데 제작이 어렵고 힘든 분이라면 템플릿을 이용해서 쉽게 만들 수 있다. 잘 만들어진 템플릿 틀에 본인의 영상만 넣으면 되니 따로 편집할 필요도 없고 시간도 절약할 수 있는 장점이 있다. 간단하고 효율이 높으니 사용해 보자.

01 인스타그램 홈 화면에서 [+]을 누른다.

02 [릴스]를 누른다.

 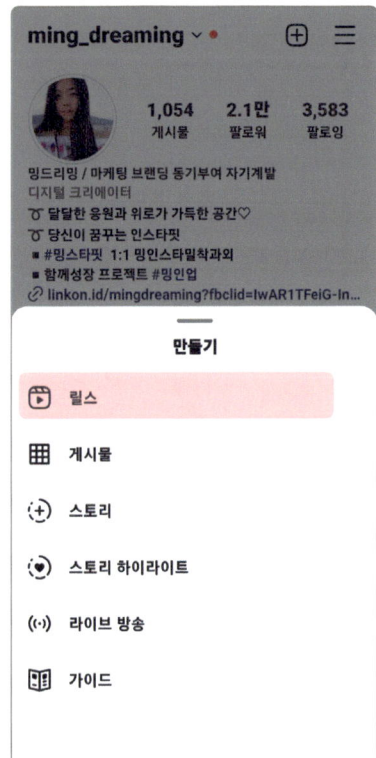

03 [템플릿]을 누른다.

04 [회원님을 위한 추천] 혹은 [인기 템플릿]을 누른다.
　　템플릿을 살펴본 후, 내 제품이나 올리려는 콘텐츠에 맞는 템플릿을 선택하자.

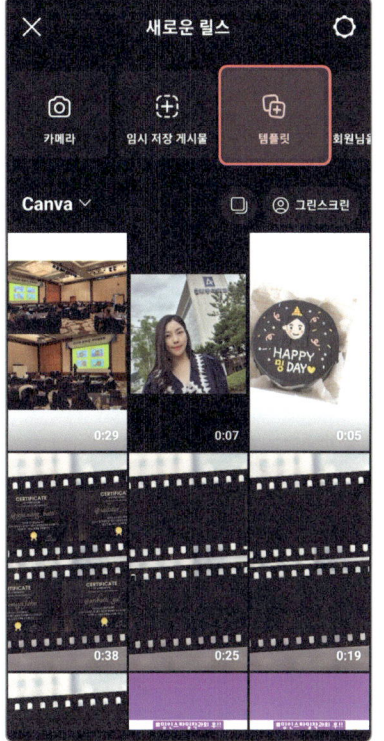 

05 템플릿 선택 후 거기에 맞는 동영상 선택한다.
사진도 넣을 수 있다.

06 템플릿에 맞게 동영상을 넣었다면 [다음]을 누른다.
이때부터는 위 릴스의 업로드 방법과 동일하다.
[동영상 편집]을 활용해 텍스트, 스티커, 캡션 추가 등 편집이 가능하다.

07 원하는 캡션을 입력한다.

08 [공유하기]를 누른다.

09 템플릿을 이용해 릴스가 업로드 된다.

 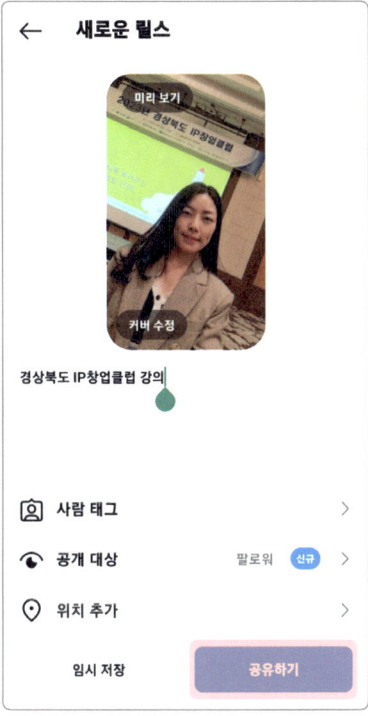

4. [백만 원짜리 광고판 = 스토리] 업로드

100만 원짜리 광고판 역할을 톡톡히 하는 스토리는 프로필 사진 위에 원형 테두리가 붉은 색상으로 표시된다. 24시간 동안 임시로 사진, 동영상, 텍스트 등을 공유할 수 있는 기능으로 24시간 후 자동으로 사라지기 때문에 재미있는 순간들을 더 자유롭게 공유할 수 있는 특징이 있다.

실시간이라 팔로워들과 소통이 즉각적으로 일어난다. 게시물에서 볼 수 없는 사진이나 영상을 올리면 반응이 더욱 좋고, 잠재고객이 스토리를 통해 연결될 가능성도 높다.

🔖 스토리 업로드 방법

01 인스타그램 홈 화면에서 [+]을 누른다.

02 [스토리]를 누른다.

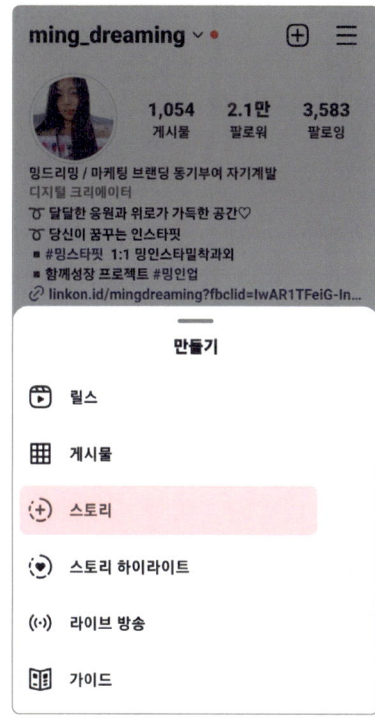

03 스토리에 올릴 사진이나 영상을 선택한다.

04 글자추가 / 이모지 / 스티커 등 사용이 가능하다.
스토리에 올리고 싶은 대로 편집해보자.

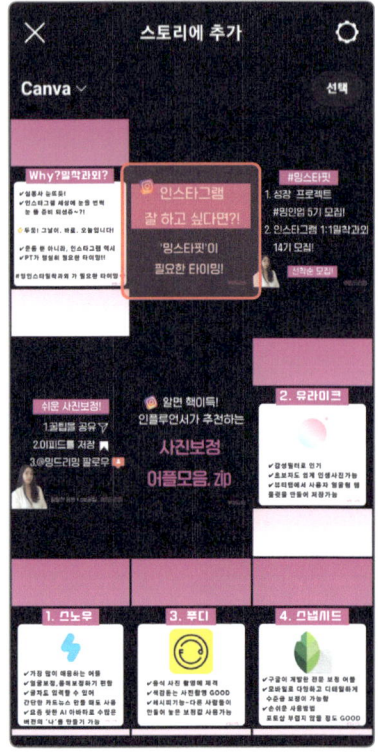 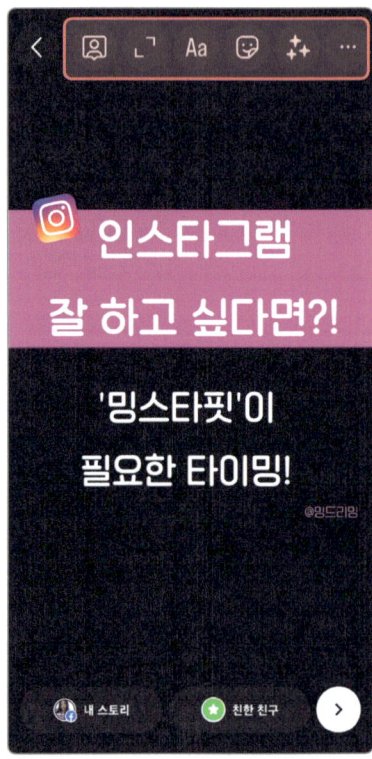

05 [내 스토리] 선택한다.

06 스토리가 완성되면 빨간 테두리가 생긴다.

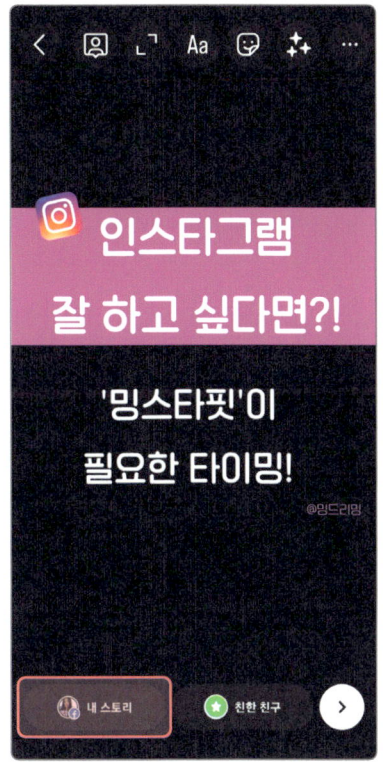 

5. [천만 원짜리 광고판 = 하이라이트] 업로드

하이라이트를 '인스타그램의 천만 원짜리 광고판이다.'라고 누누이 강조하고 강조한다. 그렇게 말하는 이유가 있다. 브랜드의 제품이나 이벤트 핵심 콘텐츠를 강조할 수도 있고 주제별 혹은 카테고리별로 스토리를 모을 수도 있다. 브랜드 이미지에 맞는 하이라이트 커버를 활용해 브랜드의 정체성을 확립할 수도 있다. 잠재고객에게 확실한 포트폴리오 역할을 하는 하이라이트는 천만 원 그 이상의 가치를 지닌다.

● 주의사항

스토리에 업로드된 게시물만 하이라이트에 추가할 수 있다. 하이라이트에 공유하고 싶은 콘텐츠가 있다면 스토리에 먼저 업로드를 해야 한다.

🔖 하이라이트 업로드 방법

01 인스타그램 홈 화면에서 [+]을 누른다.

02 [스토리 하이라이트]를 누른다.

 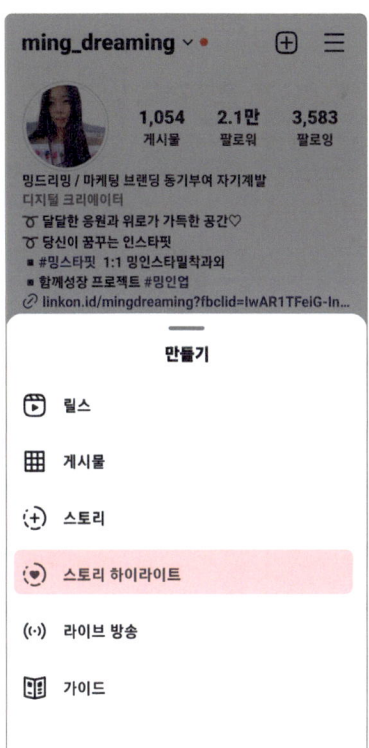

03 하이라이트에 추가 할 사진 / 영상을 선택한다.

04 [다음]을 누른다.

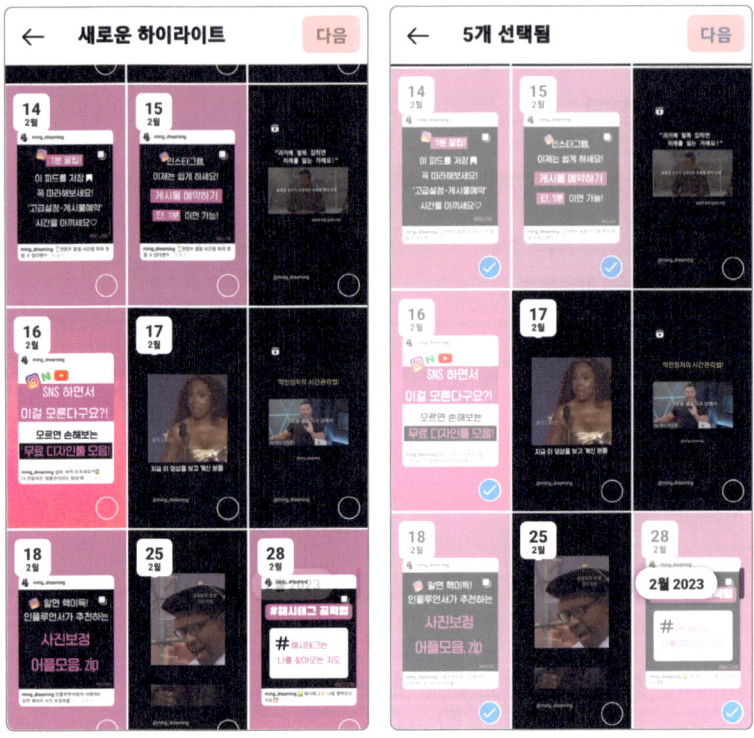

05 [커버수정] 할 커버를 선택한 후 [완료]를 누른다.

갤러리에서 미리 이미지를 만들어 놓으면 좋다.

[PART2 실전편]에 디자인 앱을 소개해 놓았으니 참고해서 이미지를 만들면 도움이 될 것이다.

 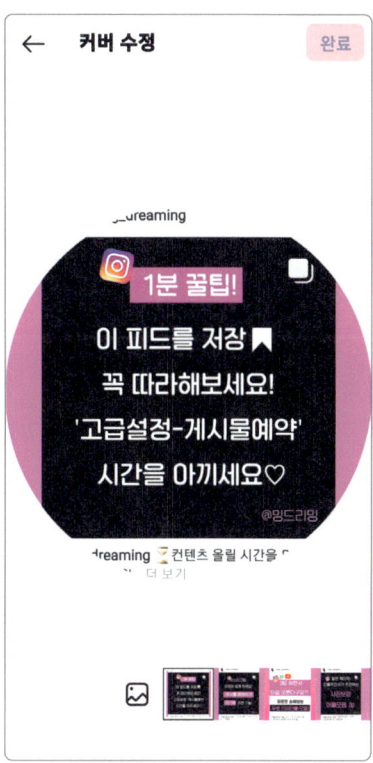

06 커버 제목을 입력한다.

07 입력 후 [완료]를 누른다.

08 하이라이트가 완성되었다.

6. 게시물 최적화 사이즈

인스타그램 게시물, 릴스, 스토리를 최적화하려면 각각의 포맷에 맞춰 적절한 사이즈 및 비율을 고려해서 만드는 것이 중요하다. 게시물 최적화의 필요성과 최적화된 사이즈 및 비율은 다음과 같다.

1. 필요성

- 화질 유지
  최적화된 크기로 업로드하면 인스타그램이 자동으로 크기를 조정하지 않아도 되므로 원본 화질을 유지할 수 있다. 고화질의 이미지나 비디오를 사용하면 사용자들이 편안하게 콘텐츠를 볼 수 있다.

- 최적화된 크기
  최적화된 크기와 비율은 콘텐츠를 더 전문적으로 보이도록 만들어준다. 올바른 비율은 게시물을 더 쉽게 읽고 이해할 수 있게 한다.

- 스마트폰 최적화
  스마트폰에서 주로 사용되기 때문에, 최적화된 크기는 스마트폰 화면에 잘 맞도록 도움을 준다. 콘텐츠가 화면에 꽉 차면서도 잘리거나 왜곡되지 않게끔 제작하는 것이 중요하다.

- 알고리즘
  고화질이나 적절한 크기의 콘텐츠를 선호한다. 최적화된 크기의 게시물은 더 많은 사람들에게 노출되고 더 높은 소통을 유도하도록 돕는다.

2. 사이즈(비율)

- 게시물(피드) : 사진 및 비디오 게시 가능

정사각형(Square) : 1080px × 1080px

수직형(Vertical) : 최소 1080px × 1350px(4:5 비율)

수평형(Horizontal) : 최소 1080px × 566px(16:9 비율)

- 릴스(Reels)

  가로 1080px, 세로 1920px(9:16 비율)

- 스토리(Story)

  가로 1080px, 세로 1920px(9:16 비율)

PART 2

실전편

01 _ 생존하려면 비즈니스 계정으로 전환하라!

1. WHAT : 비즈니스 계정이란?

2. WHY : 역할과 중요성

3. HOW : 전환 방법

4. 인사이트 분석

01 _ 생존하려면 비즈니스 계정으로 전환하라!

전국경제인연합회가 모노리서치에 의뢰해 음식점업, 숙박업, 도소매업, 기타서비스업 등 자영업자 500명을 대상으로 '자영업자 2023년 상반기 실적 및 하반기 전망 설문조사'를 실시한 결과 자영업자의 63.4%는 올해 상반기 매출이 지난해 상반기보다 감소했다고 답변했다. 순익이 감소했다는 응답은 63.8%였다.

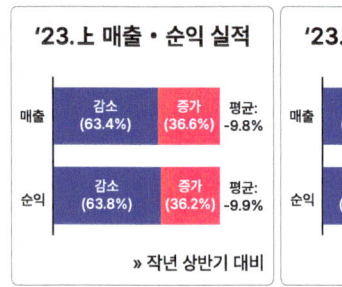
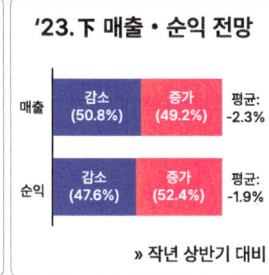
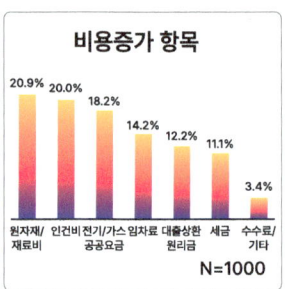

자료출처 : 한국경제인협회

특히 자영업자 10명 중 4명은 향후 3년 내 폐업을 고려하고 있다고 응답했다. 폐업을 고려하게 된 주요 이유(복수응답)로 △영업실적 지속 악화(29.4%) △자금사정 악화 및 대출상환 부담(16.7%) △경기회복 전망 불투명(14.2%) 등을 꼽았다.

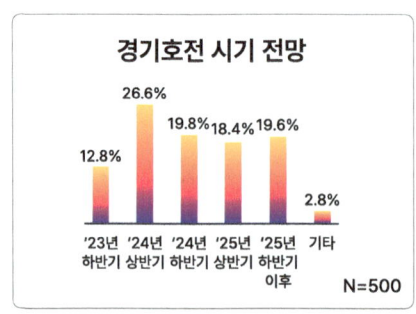
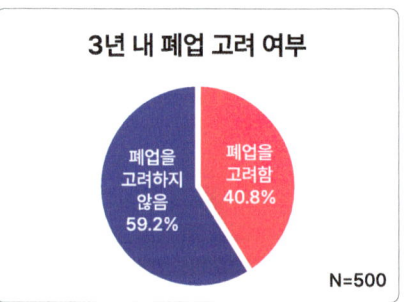

출처 : 이코노미21(http://www.economy21.co.kr)

자료출처 : 한국경제인협회

이 조사는 자영업자들이 현재 겪고 있는 경제적 어려움과 불확실한 미래에 대한 인식을 잘 나타내고 있다.

다양한 직종의 대표님들을 만나 많은 강의와 컨설팅을 하면서 1인 사업자에게 가장 필요한 것은 다름 아닌 '생존'이었다! 인스타그램에서 사업의 생존과 성장을 위해 '비즈니스 계정' 전환은 선택이 아닌 필수이다. 이번 장은 비즈니스 계정이 무엇인지 왜 필요한지, 어떻게 설정하는지 쉽게 설명하려고 한다.

생존하기 위해, 반드시 비즈니스계정으로 전환하라!

1. WHAT : 비즈니스 계정이란?

인스타그램에서 비즈니스 계정은 기업, 브랜드, 크리에이터 등이 자신의 상품이나 서비스를 홍보하고 팔로워와 효과적으로 소통할 수 있도록 설계된 계정 유형이다.

개인 계정과는 달리, 비즈니스 계정은 다양한 마케팅 도구와 분석 기능을 제공하여 자신의 비즈니스 성과를 최적화할 수 있게 돕는 역할을 한다.

2. WHY : 역할과 중요성

1. 인사이트

인사이트에 답이 있다. 도달한 계정, 게시물 반응, 노출경로, 광고 타깃, 연령대, 구매 전환율, 유입률 등 게시물마다 각각의 인사이트를 아주 자세히 볼 수 있다.

게시물, 스토리, 프로모션에 대한 상세한 데이터를 분석을 할 수 있다. 이를 토대로 마케팅 전략을 더욱 효과적으로 계획하고 조정할 수 있도록 돕는다.

2. 광고 기능

키워드 광고, 제품 홍보비용, 마케팅 대행비용 등 제품을 홍보하기 위해 마케팅 비용은 이제 필수인 시대이다. 내가 뿌린 만큼 매출이 올라가기도 하고 내려가기도 한다. 이것은 객단가 와도 긴밀히 연결되는데 광고비가 낮을수록 순익에 영향을 미친다.

인스타그램은 이 광고비가 정말 말도 안 되게 저렴하다는 것이 장점이다. 적은 비용으로 극대화된 효과를 낼 수 있는 것이 바로 인스타그램 광고이다. 비즈니스 계정은 직접 광고를 생성하고 관리할 수 있다. 이를 통해 타깃, 즉 잠재고객을 쉽게 발굴할 수 있고 구매 전환율을 높이는 데 중요한 역할을 한다.

3. 연락처 정보 및 호출 버튼

계정에 전화번호, 이메일 주소, 위치 등의 연락처 정보를 추가할 수 있으며, '문의하기', '예약하기' 등의 직접 호출 버튼을 통해 고객과 직접적으로 연결할 수 있어 매출 증대에 도움이 된다.

4. 쇼핑 기능

제품을 직접 태그하고, 사용자가 이미지를 클릭하여 제품 정보를 확인하고 구매할 수 있는 경로로 유도할 수 있는 쇼핑 기능을 제공한다. 이 기능을 활용해 구매 링크와 쉽게 연결할 수 있고 판매를 쉽게 이끌 수 있다.

5. 카테고리 맞춤 설정

비즈니스 계정은 프로필을 사용자의 비즈니스 유형에 맞게 설정할 수 있다.
예: 교육, 크리에이터, 사업가, 뷰티, 편집자, 의류(브랜드) 등

3. HOW : 전환 방법

🔖 비즈니스 계정 전환

01 인스타그램 홈 화면에서 [삼선]을 누른다.

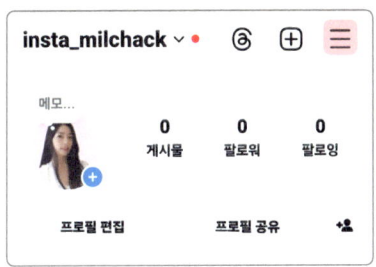

02 [계정유형 및 도구]를 누른다.

03 [프로페셔널 계정으로 전환]을 누른다.

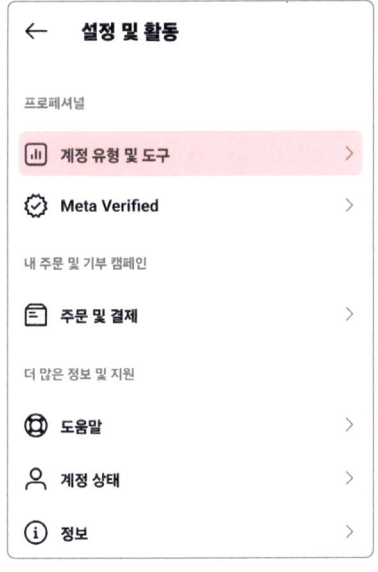

04 [계속]→[계속]→[계속]→[계속]을 누른다.

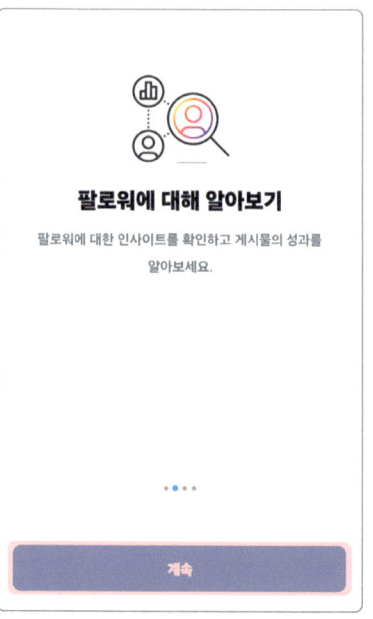

05 [카테고리]를 선택하고 [다음]을 누른다.

06 비즈니스 분류 선택한 후 [다음]을 누른다.

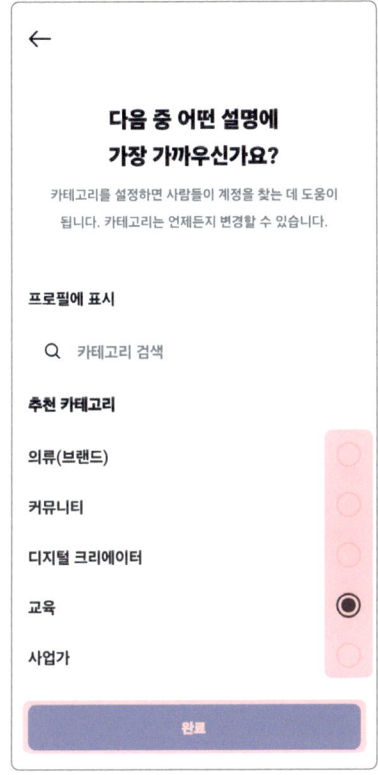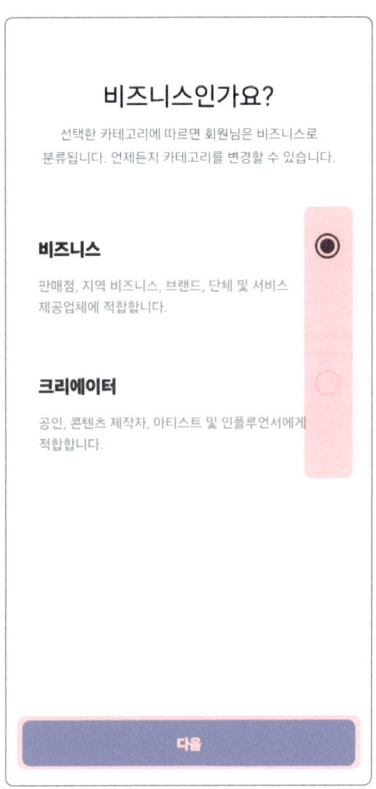

07 [다음]을 누른다.

08 연락처 정보 검토 [다음 또는 연락처 정보 사용 안 함]을 누른다.

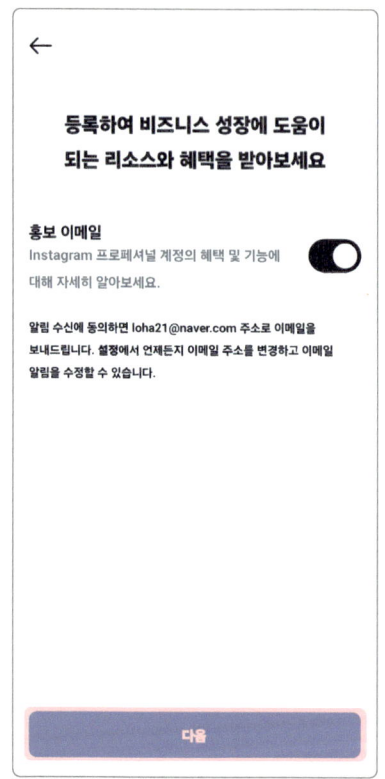 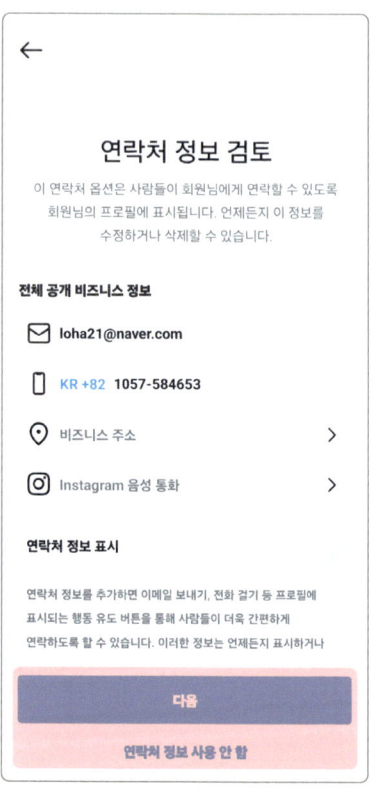

09 Facebook 페이지 연결을 원하면 [Facebook 로그인 하기]를 누르고 원하지 않으면 [건너뛰기]를 누른다.

10 비즈니스 계정 전환을 완료하였다.

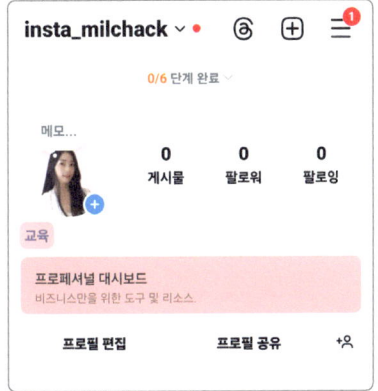

4. 인사이트 분석

비즈니스 계정의 가장 큰 장점이라면 인사이트를 볼 수 있다는 것이다. 잠재고객을 통한 링크 클릭률, 구매 전환율이 실시간 확인 가능하다. 매출과 직결되는 비즈니스 계정이라면 인사이트 분석은 반드시 할 줄 알아야 한다.

그뿐만 아니라 인사이트 분석을 통해 콘텐츠를 기획하고 재정비하는 데 도움을 얻을 수 있다. 불특정 다수에게 얼마나 노출되었지, 잠재고객에게 얼마나 영향을 미쳤는지, 내 브랜드에 관심도는 어느 정도인지, 내 콘텐츠(제품)를 얼마나 많이 공유했는지 등등 인사이트 안에 답이 있기 때문이다.

인스타그램 광고를 하는 경우 역시 인사이트를 통해 구매 전환율을 분석할 수 있고 잠재고객 도달률도 확인 가능하다. 인사이트를 잘 분석해서 활용한다면 사업에 큰 도움을 받는 것은 물론 긍정적인 영향을 미칠 것이다.

1. 인사이트에 답이 있다.

'밍드리밍' 계정에 올린 콘텐츠의 인사이트를 아래 사진과 함께 분석해 놓았다. 릴스 하나로 2천 명이 넘는 팔로워가 증가하기도 하고, 100만 뷰가 넘는 도달률을 기록하기도 했다. 그뿐만 아니라 좋아요, 댓글, 공유, 저장의 수가 3만이 넘는 엄청난 상호작용을 낳기도 했다. 반응이 좋은 릴스를 통해 [릴스 보너스] 수익을 얻기도 했다. 인사이트 분석을 통해 콘텐츠가 어떻게 내 브랜드를 키우는지 증명하게 될 테니 자세히 살펴보기를 바란다.

2. 인사이트를 파헤쳐보자!

게시물 인사이트 분석_밍드리밍

게시물 인사이트

- **도달** : 3,543 / 상호작용 788개 / 프로필 활동 253
- **상호작용** : 좋아요 637 / 댓글 104개 / 공유 30 / 저장 17
- **외부 링크 누름** : 75 / 팔로우 8

게시물 반응

- **좋아요** : 도달한 계정 중에서 게시물을 보고 좋은 느낌을 표현한 수치
- **댓글** : 적극적인 상호작용이다. 나의 제품이나 서비스에 관심이 있고 댓글을 남긴 사람 중 찐 고객이 될 확률이 높다.
- **공유** : 소개를 할 정도로 나의 제품, 서비스가 좋다는 뜻이다. 바이럴 마케팅의 기본이 되는 요소이기도 하다.
- **저장** : 저장해놓고 다시 보고 싶은 콘텐츠일 때 저장수가 늘어난다. 정보를 주거나 유머 계정일수록 저장 수가 올라간다. 유익한 계정이란 사실을 알려주는 척도이기도 하다.

프로필 활동

- **프로필 방문** : 내 프로필 홈 화면으로 가서 내 계정을 살펴본 수를 말한다.
- **외부 링크 누름** : 내 계정 메인에 제품 혹은 서비스로 연결해 놓은 링크를 클릭하는 수치이다. 이것이 곧 판매 척도이다. 구매 전환율이 여기에 달려있다.
- **팔로우** : 이 게시물을 통해 나를 팔로우 한 계정의 수를 말한다.

밍드리밍_릴스 인사이트

- **도달** : 팔로워가 아닌 사람 99.5% 에게 도달
- **시청** : 재생 횟수 819,756 / 시청시간 4305시간
- **상호작용** : 좋아요 1,2만 / 댓글 127개 / 공유 3,964 / 저장 1,5만
- **팔로워 증가량** : 이 릴스 하나로 팔로워 2,130명 증가

밍드리밍_릴스 인사이트

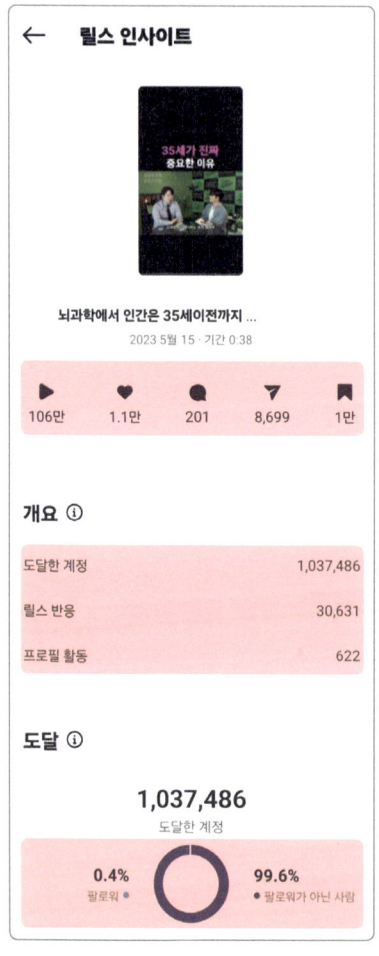

- **도달** : 팔로워가 아닌 사람 99.6% 에게 도달
- **시청** : 재생 횟수 1,068,261 / 시청시간 4502시간
- **상호작용** : 좋아요 1,1만 / 댓글 201개 / 공유 8,699 / 저장 1만
- **팔로워 증가량** : 이 릴스 하나로 팔로우 622명 증가

밍드리밍_릴스 인사이트

- **도달** : 팔로워가 아닌 사람 99% 에게 도달
- **시청** : 재생 횟수 345,028 / 시청시간 2066시간
- **상호작용** : 좋아요 3,491 / 댓글 79개 / 공유 2,481 / 저장 4,576
- **팔로워 증가량** : 이 릴스 하나로 팔로워 420명 증가

밍드리밍_계정 인사이트

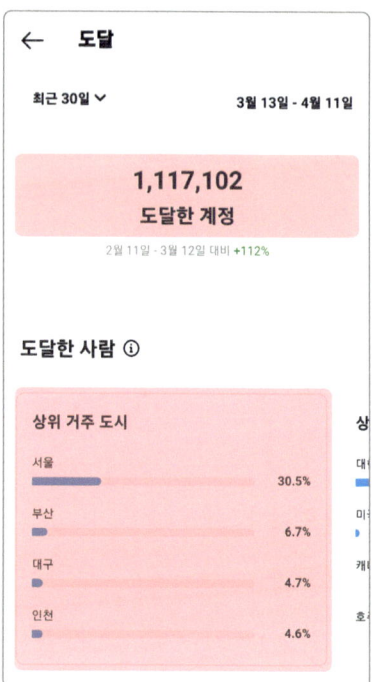

다방면 분석 가능

- [도달한 계정], [참여한 계정], [총 팔로워 증가량]
- [지역], [연령대], [성별 비율] 까지 분석 가능

온/오프 맞춤 타깃팅 가능

- 위 인사이트를 토대로 반응률이 좋은 도시를 상대로 타깃팅해서 광고하면 매출 증대에 도움이 될 것이다. 오프라인 매장이 있는 대표님의 경우 원하는 도시를 표적해서 광고를 진행할 수 있다.

밍드리밍_계정 인사이트

타깃 광고 효과적

- [지역], [연령대], [성별 비율] 분석할 수 있어서 복합적으로 타깃광고 하기에 유리하다.

광고비 효율 극대화

- 내 제품과 브랜드에 관심 있는 계층 연령을 찾을 수 있고, 거기에 맞는 광고를 진행할 수 있어 광고비를 절약할 수 있다.

수강생_인사이트

- 기간 : 5일간
- 도달 : 비팔로워_148만명 도달
- 노출 : 2,866,538

- 팔로워 증가량 :

  팔로워 12,175명 증가

  실제로 컨설팅 3주도 안되어 팔로워가 1.5만명 이상이 증가했다.

  (하루에 1000명 이상의 팔로워가 느는 추세를 보였다.)

수강생_인사이트

- 기간 : 170만명 도달
  + 11,710% 증가!

- 참여한 계정 : 2.4만명
  + 1,489% 증가!

- 팔로워 : 2.6만명
  + 89.2% 증가

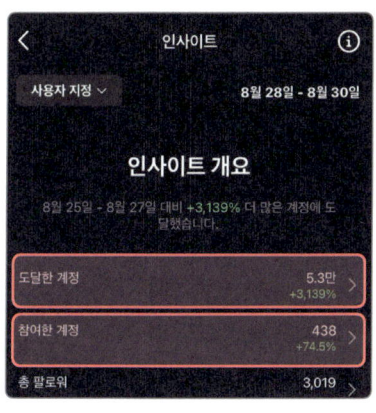

- 도달 : 5.3만명
  단 하루만에! + 3,139% 증가

- 참여한 계정 : + 74.5% 증가

수강생_릴스 인사이트

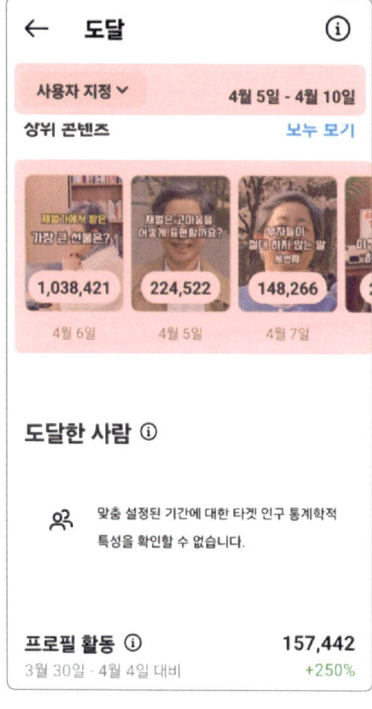

- 기간 : 5일간

- 도달 : 157,442
  5일 전보다 250% 증가

- 릴스조회수 :
  평균 1만 미만의 릴스 조회수
  컨설팅 후 조회수가 급상승하더니
  10만뷰 이상은 기본
  1백만 이상 2백만 이상 조회수 기록!

인스타그램 광고 인사이트 분석

피드 게시물을 인스타그램을 통해 직접 광고할 수 있다. 광고비가 저렴한 장점이 있고, 타 광고에 비해 유입률뿐 아니라 구매 전환율이 높아 광고비의 효과가 크다. 광고는 최소 15일 이상 해보기를 바란다. 그래야 효과를 제대로 볼 수 있다. 알고리즘이 타깃에 맞도록 테스트하는 시간이 조금 걸리기 때문이다.

수강생_광고 인사이트

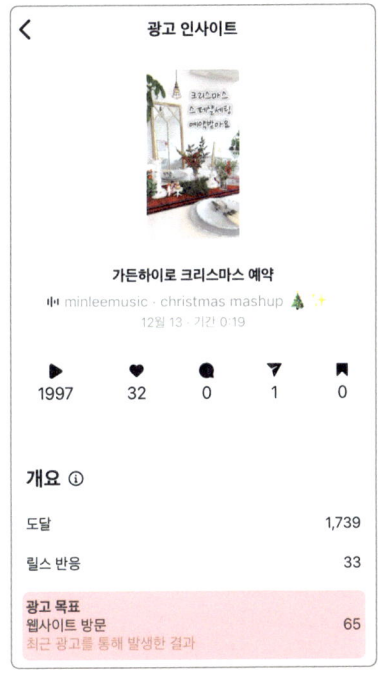

- **효과** : 최근 광고를 통해 1,446% 도달률 증가
- **링크 클릭율** : 65명
- **웹사이트 방문당 비용** : 434원

밍드리밍_광고 인사이트

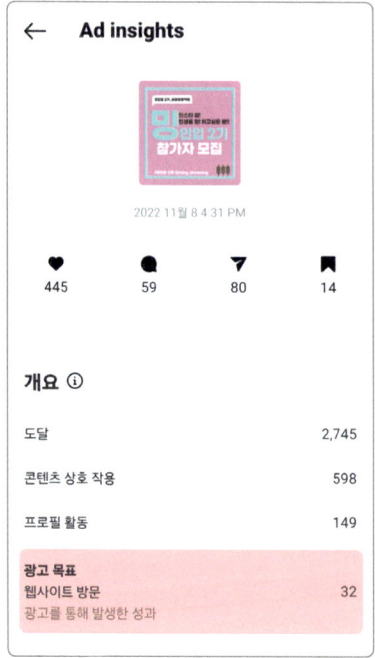

- **판매와 직결** : 프로필 방문 / 외부 링크 누름
- **잠재고객** : 좋아요 / 댓글
- **확산성** : 공유 / 저장

밍드리밍_광고 인사이트

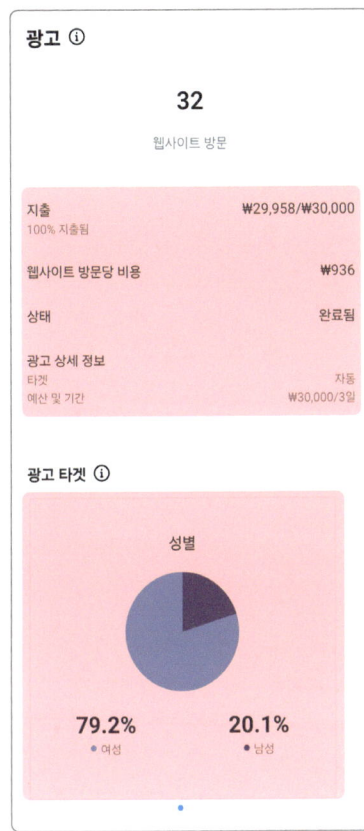

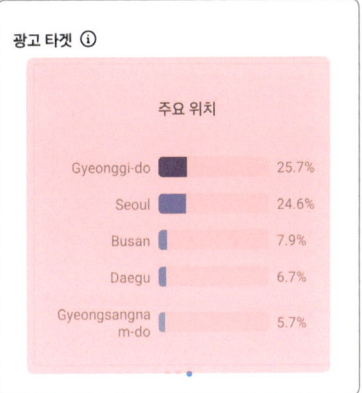

- **웹사이트 방문당 비용** : 광고 효과를 직관적으로 확인 가능
- **광고 타겟 성별** : 여성과 남성 도달 비율 확인 가능
- **연령대** : 광고를 통해 많이 노출된 연령대 분석 가능
- **지역** : 어느 지역에서 노출이 높은지 명확한 타깃 확보 가능

● 주의 사항

광고를 통해 얼마나 노출되었는지, 타깃에게 잘 도달했는지 점검할 필요가 있다. 광고비는 예산에 맞게 집행이 가능하니 적정 금액 안에서 원하는 대로 여러 가지 테스트를 해보면 좋다.

PART 2

실전편

02 _ 나를 찾는 지도를 만들라!

1. WHAT : 해시태그란?
2. WHY : 해시태그의 역할과 중요성
3. HOW : 효과적인 해시태그 활용
4. 태그의 모든 것

02 _ 나를 찾는 지도를 만들라!

PART 1(기본편)에서 알려드린 대로 인스타그램은 온라인 세상 나의 집이다. 인스타그램의 기본공사에 해당하는 계정 생성, 기본개념도 잘 익혔고, 튼튼한 기둥에 해당되는 골조 공사 즉 프로필 설계도 완성했다. 나만의 향기가 깊게 배게 내부공사도 잘 마무리했다면 남은 것은 실전이다.

인스타그램에서 실전은 어디부터 해당할 것 같은가? 오프라인 매장을 오픈했다 가정했을 때 무엇부터 해야 할까? 여기가 어디인지 알려주는 나를 찾아오는 지도가 필요하다. 인스타그램에서는 해시태그, 사람태그, 위치태그 등 태그 작업이 이에 해당한다.

인스타그램 알고리즘이 바뀌면서 릴스가 인스타그램 성장에 큰 역할을 하게 되었다. 그러면서 많이들 해시태그의 시대는 끝났다고 말한다. 해시태그는 아무 의미도 없다는 말도 안 되는 정보를 공유하기도 한다.

다 틀렸다. 1인 사업가라면, 나만의 제품이 있다면, 나를 브랜딩 해야 한다면 해시태그는 반드시 필요하다.

해시태그의 근본적인 존재의 의미를 모르고 접근하는 사람들이 알려주는 헛된 정보를 그대로 일반화시켜서 적용하면 안 된다. 그 이유를 알아야 한다. 태그가 필요하면 왜 필요한지, 필요가 없다면 왜 필요가 없는지! 어떤 사용자에게는 필요하고 어떤 사용자에게는 필요 없는지 등등을 정확히 이해하고 나에게 맞게 사용해야 한다.

유행하는 숏폼, 릴스로 떡상하는 계정이 되고 싶다면 태그가 필요 없을 수도 있겠다. 하지만 인스타그램 플랫폼 특성상 사람들은 검색엔진에서 필요한 정보를 검색 후 그 키워드를 가지고 인스타그램에서 재검색을 한다. 후기를 보거나 매장(제품)의 자세한 부분을 찾아본다. 그런 후 매장을 이용하거나 제품을 구매하는 것이다.

인스타그램에서 그 정보를 어떻게 찾을까? 바로 해시태그이다. 내가 올린 사진이나 영상에 캡션을 적고 거기에 나를 찾아오도록 해시태그를 쓰면 잠재고객들이 해시태그를 통해 나를 발견하게 된다. 그렇기에, 이 책을 읽고 있는 분들은 해시태그가 절대적으로 매출을 올려주는 도구인 셈! 그래서 반드시 사용해야 하는 것이다!!

1. WHAT : 해시태그란?

<u>hash(#기호) + tag(꼬리표)</u>
글자 앞에 특별한 기호(#)를 앞에 붙여 특정 주제나 키워드를 나타내는 단어 또는 구절을 말한다. 정보 공유와 검색 기능을 하고, 소통과 마케팅 수단으로도 가능한 하나의 언어이다.

<u>#해시태그 = 나를 찾아오는 지도!</u>
지도를 그릴 때 가장 중요한 포인트가 무엇일 것 같은가? 보기 쉽도록 찾아오기 쉽도록 큰길, 작은 길을 그려주고 길가에 위치한 큰 건물을 넣는다. 고객이 한눈에 찾을 수 있도록 지도를 그려 주는 것이 중요하다.

그렇다면 해시태그는 나를 찾아오는 지도와 같다고 했는데 무슨 의미일까? 생각해 보라. 우리가 일상에서 무엇을 하려고 할 때 가령 식당을 가거나, 생필품을 사거나, 가족과 여행을 갈 때도, 미용실을 가고, 책을 사고, 애견숍을 갈 때, 필요한 장소를 찾을 때 우리는 어떤 액션을 취하는가? 취미생활을 만들고 싶을 때, 무엇을 배우려 할 때 무엇을 먼저 하는가? 어떤 단계를 거치는가?

검색! 바로 검색이다. 네이버나 구글 등 검색창에서 검색하고 유튜브에서도 정보를 검색한다. 그리고 추려진 정보들을 가지고 인스타그램에서 또 한 번 더 검색한다. 확실한 후기를 찾기 위함이다.

왜냐하면 일단 다른 검색엔진은 광고성 후기가 많기 때문에 무작정 믿을 수 없다. 그래서 그중 가장 신뢰할 만한 장소인 인스타그램에 키워드를 가지고 와서 검색한다. 바로 해시태그로 말이다. 실제로 대부분의 사람은 이런 일련의 과정과 여러 단계를 거쳐 제품을 구매, 혹은 서비스를 선택하고 이용한다.

많은 사람들이 인스타그램에서 해시태그로 검색하는 이유는 무엇일까? 인스타그램은 실사용자 중심의 SNS고, 대한민국에서 가장 많이 사용하면서 동시에 오랜 시간을 소비하는 SNS플랫폼이기에 후기가 다양하고 많기 때문이다. 해시태그는 나를 찾아오는 지도임을 꼭 명심하길 바란다.

2. WHY : 해시태그의 역할과 중요성

게시물에 추가되는 키워드로서, 해당 키워드를 포함하는 게시물들을 검색하거나 동일한 주제에 관심 있는 사용자들과 연결하는 역할을 한다.

우리 매장을 찾아올 고객에게 가장 필요한 것은 지도이다. 인스타그램에서 지도 역할을 하는 해시태그를 대충 적어서도 안 되고 너무 자잘한 것까지 디테일하게 작성해도 효과가 없다.

#는 팔로워 증가, 매출을 향상하기 위해 매우 중요한 도구이며 온/오프라인 소통 창구역할을 한다. #를 통해 잠재고객이 나의 콘텐츠(제품)를 발견하도록 도울 뿐 아니라 마케팅, 브랜딩 도구로 탁월한 도구이다.

▌ 잠재고객이 해시태그로 검색하는 방법

01 인스타그램 홈화면에서 [검색] 버튼을 누른다.

02 검색창 클릭해서 원하는 키워드를 입력한다.

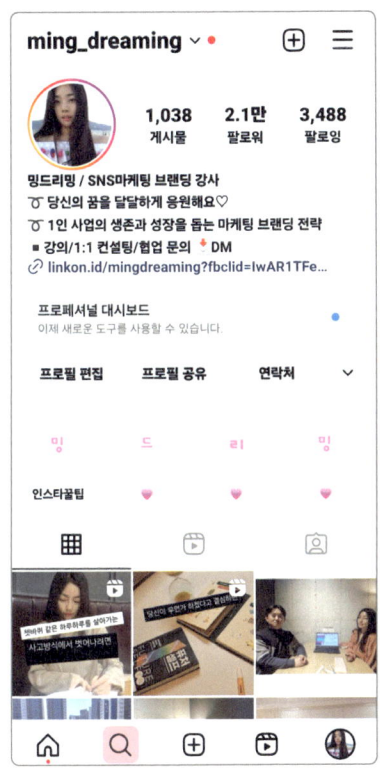

03 예_[성수동맛집]으로 검색한다.

04 키워드에 해당되는 계정 / 오디오 / 태그 / 장소 / 릴스 가 나온다.

05 그 중 해시태그를 찾아서 관련 키워드에 대해 자세하게 검색한 뒤 정보를 얻는다.

3. HOW : 효과적인 해시태그 활용

키워드 = 해시태그(#)

단어나 구절 앞에 #기호를 붙여서 적고, 공백이 없이 연속된 문자열로 작성해야 한다. 게시물에 해시태그를 입력하기 전에 키워드 검색을 하면 좋다. 사람들이 많이 검색하고 나를 잘 나타나는 키워드를 찾아 해시태그를 넣으면 된다.

나를 알리는 지도인 해시태그를 잘 사용해야 한다. 내가 어느 지역에 어디에 자리 잡고 있는지, 내 콘텐츠가 어느 카테고리에 어디쯤 속해있고, 어떤 정보를 담고 있는지 말이다. 그래서 해시태그를 대, 중, 소로 적어야 한다.

일반적인 지도를 생각해 보라. 지도를 그릴 때 가장 중요한 포인트가 무엇일 것 같은가? 보기 쉽도록 찾아오기 쉽도록 큰길, 작은 길, 골목, 그리고 가까운 큰 건물. 아주 유명한 매장 등을 지도에 간략하게 표기한다. 왜냐하면 나를 찾기 쉽도록 만들기 위함이다. 고객이 한눈에 찾을 수 있도록 지도를 그려 주는 것이 중요하다.

해시태그도 마찬가지 개념으로 이해하면 쉽다. 고객이 찾아오기 쉽도록, 알고리즘이 나를 찾기 쉽도록 나를 표시해 주어야 한다. 해시태그는 사람과 정보를 연결해 준다. 잠재고객 발굴뿐 아니라 매출과 직결된다고 해도 과언이 아니다.

그렇다면 해시태그란 녀석, 어떻게 사용하면 좋을까?

첫 번째, 나의 위치를 잘게 쪼개어 타깃층이 찾아오도록 만들어라. 대, 중, 소 해시태그를 잘 공략하라. 사용량이 많은 해시태그부터 적은 해시태그까지 큰

길, 작은 길을 지도에 그린다고 생각하고 사용하면 된다.

두 번째, 핵심 키워드를 반드시 넣어라. 알고리즘이 나의 콘텐츠를 알아보도록, 잠재고객에서 퍼트리도록 꼭 넣어야 한다. 내가 어느 지점에서 무엇을 하는 계정인지 알려주는 중요한 좌표가 된다.

세 번째, 해시태그는 10개 미만으로 사용하라. 너무 많은 해시태그 사용은 오히려 나의 위치를 찾는데 어려움을 불러일으킨다. 크고 작은 길, 그 주변을 대표하는 건물 등 최소한의 표시로 나를 찾는 지도를 만들어야 한다.

나의 좌표를 명확하게 하는 것, 바로 해시태그의 핵심이다.

1. 지역 기반 관련 해시태그를 반드시 사용하라.

요즘은 밥을 먹거나 카페를 가더라도 그냥 가는 법이 없다. 일단 검색을 한 후, 그중 몇 개를 골라 분위기와 후기를 살피고 거기서 가장 마음에 드는 곳을 선택해서 간다.

오프라인 매장을 운영하는 대표님이라면 지역# 사용 필수이다. 고객들은 그 해시태그를 검색해서 우리 매장을 찾아오기 때문이다. 오프라인에서는 우리 매장이 존재하지만, 검색했는데 해시태그를 사용하지 않았다면 온라인에서 없는 매장이 된다는 뜻이다.

'지역+사업장의 종류'에 맞는 해시태그를 반드시 사용하라. 만약 홍대에서 카페를 운영한다면 #홍대카페 #홍대데이트코스 #홍대카페추천 등 해시태그를 꼭 사용해야 한다.

다시 한번 더 강조하지만, #는 '나를 찾아오는 지도'임을 꼭 명심하길 바란다.

> **예시** #서울카페 #성수동맛집 #부산데이트 #광안리꽃집
> #제주도맛집추천 #서초구애견미용

2. 관심사 기반 해시태그를 사용하라.

인스타그램은 태생이 관심사 기반 SNS다. 나의 세상을 담고 공유하는 것. 인스타그램의 모토이기도 하지 않은가! 나의 관심 분야를 #로 표시해 보자. 나와 결이 맞는 사람을 만나게 되어 함께 취미를 공유하고 마음을 나누며 새로운 즐거움을 경험하게 될 것이다.

> **예시** #책추천 #드로잉 #수제디저트 #캘리그라피글귀
> #캠핑스타그램 #차박 #요리레시피 #다이어트요리

3. 타깃, 제품, 콘텐츠에 따라 알맞은 해시태그를 사용하라.

나의 위치를 명확히 하는 것이 해시태그의 핵심이다. 키워드를 제대로 잘 적어야 나의 좌표가 정확해진다. 타깃에 맞게, 제품에 따라 각각 알맞은 해시태그를 사용해 보자. 나의 제품, 콘텐츠를 마케팅하고 나를 브랜딩하기 좋다.

> **예시** #용인수지맘 #용띠맘 #20대코디 #40대여자쇼핑몰
> #강아지옷 #강아지미용 #강아지간식 #강아지케이크
> #독서모임 #독서기록 #독서노트
> #sns마케팅브랜딩강사_밍드리밍
> #인스타그램강사_밍드리밍

해시태그는 키워드 검색으로 찾아보면 쉽다. 사람들이 많이 검색하는 키워드를 찾아서 해시태그로 사용하라. 키워드 검색사이트는 키자드, 썸트렌드, 블랙키위, 키워드 마스터, 판다랭크, 네이버 데이터랩 등이 있다.

(PART 1 기본편 골조공사_프로필 설계에서 키워드 검색사이트를 소개했으니 참고하길 바란다.)

4. 태그의 모든 것

인스타그램에서 게시물을 업로드 시 할 수 있는 태그들이 몇 가지 있다. 종류로는 해시태그, 사람태그, 위치태그가 있는데 해시태그와 마찬가지로 다른 태그 역시 나를 찾아오는 지도 역할을 하므로 기본적인 개념과 활용 방안을 알면 좋다. 피드를 올릴 때 거기에 맞는 태그를 걸어 보도록 하자.

1. 해시태그(Hashtags)

해시태그는 사용자가 게시물을 특정 주제나 관심사와 연결시킬 수 있는 키워드입니다. 해시태그는 '#' 기호와 함께 특정 단어나 구문을 사용하여 작성한다.

- 활용 방법
  관심사나 주제와 관련된 해시태그를 게시물에 추가하여 해당 주제에 관심 있는 사용자들이 게시물을 발견할 수 있도록 돕는다. 인기 있는 해시태그를 활용하여 더 많은 사람들이 게시물을 발견하고 관심을 갖도록 할 수 있다. 해시태그 검색을 통해 특정 주제나 관심사에 관련된 다른 사용자들의 게시물을 찾을 수 있다.

🔖 **해시태그 입력 방법**

01 인스타그램 홈화면에서 [+]을 누른다.

02 [게시물]을 누른다.

03 사진을 선택한 후 [다음]을 누른다.

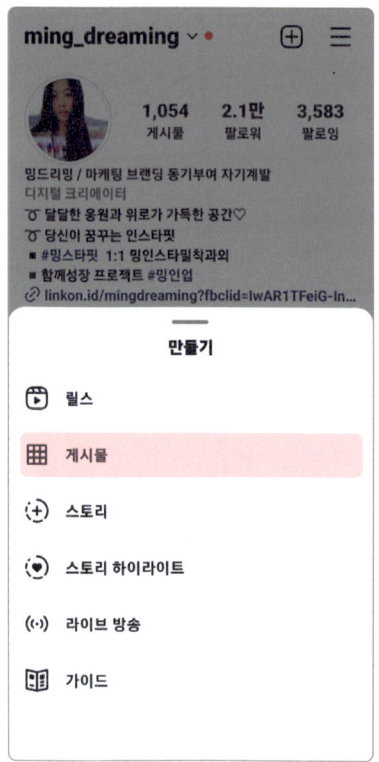 

04 사진 수정을 원하면 수정 후 [다음]을 누른다.

05 [캡션]을 입력한다.

06 해시태그(#)를 입력한다.

07 [공유]를 누른다.

08 해시태그를 입력한 게시물이 업로드 된다.

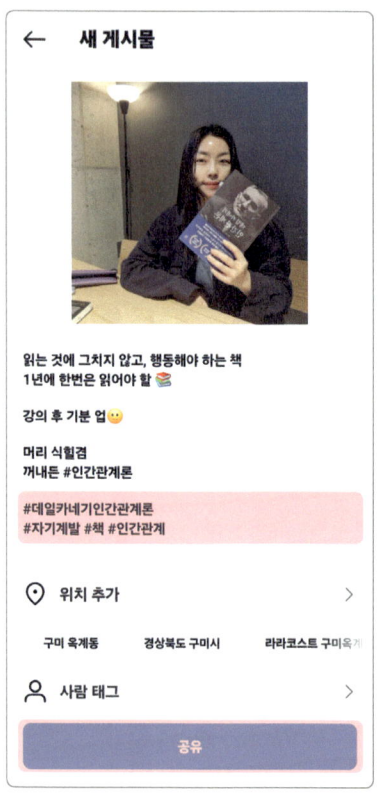

2. 사람태그(Tagging People)

사람태그는 인스타그램에 사진이나 릴스를 올리고 게시물에 연관된 사람이나 회사계정을 태그 하는 것이다. 함께한 사람이나 제품 회사계정을 태그 함으로써 그 계정의 유입을 유도하고 인지도를 높이고 홍보하는 데 도움이 된다.

- 활용 방법
  게시물에 등장하는 사람들의 인스타그램 계정을 태그 하여(친구, 가족, 동료 등) 공유한 사진이나 이벤트 관련 게시물에 해당 사람들을 함께 공유할 수 있다.

📑 사람태그 입력 방법

01 인스타그램 홈화면에서 [+]을 누른다.

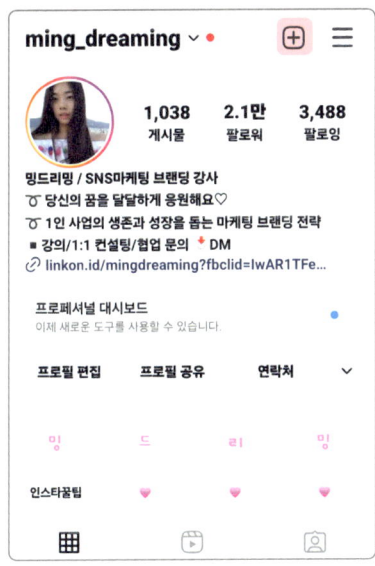

02 [게시물]을 누른다.

03 갤러리에서 사진 혹은 동영상을 선택한 후 [다음]을 누른다.

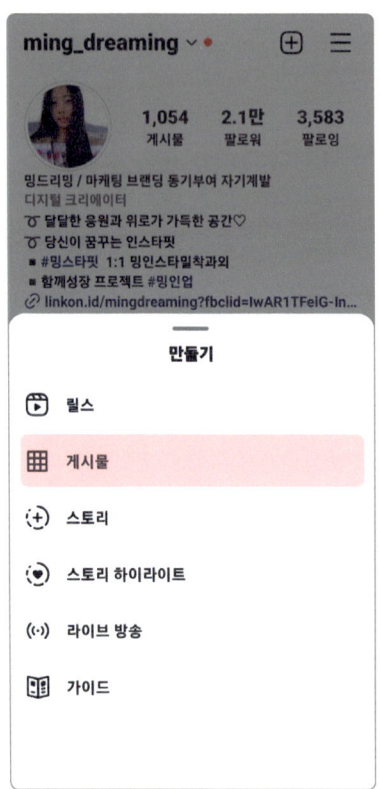

04 캡션을 작성 후 [사람태그]를 누른다.

05 [사용자 검색]을 클릭한다.

06 게시물에 태그 할 [아이디]를 입력한 후 [체크]를 누른다.

07 [공유]를 누른다.

08 게시물에 사람태그가 된다.

3. 위치태그(Location Tagging)

위치태그는 게시물이 촬영된 지리적 위치를 나타낸다. 게시물에 특정 장소를 연결하여 그 장소와 관련된 커뮤니티와 소통할 수 있다.

- 활용 방법
  게시물이 촬영된 장소를 지정하여 해당 지역과 관련된 사용자들과 상호작용을 할 수 있다. 여행 사진이나 관광 명소에서 촬영된 사진에 해당 장소를 태그 하여 여행 관련 커뮤니티와 연결할 수 있다.

그 장소에 관심이 있는 사람들이 게시물을 발견하고 소통하는 데 중요한 역할을 한다. 올바르고 효과적인 태그 사용은 게시물의 노출 및 잠재고객 발굴에 도움을 주고 나를 찾아오는 지도의 역할을 제대로 한다.

🔖 위치태그 입력 방법

01 인스타그램 홈화면에서 [+]을 누른다.

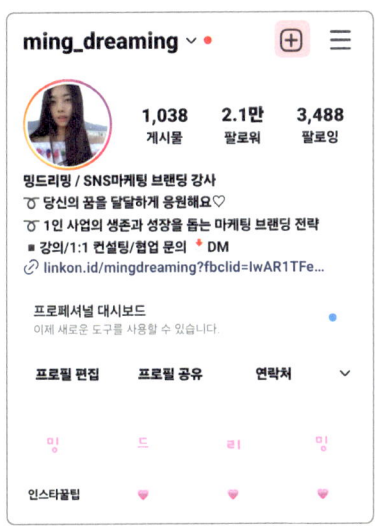

02 [게시물]을 누른다.

03 사진 혹은 동영상을 선택한 후 [다음]을 누른다.

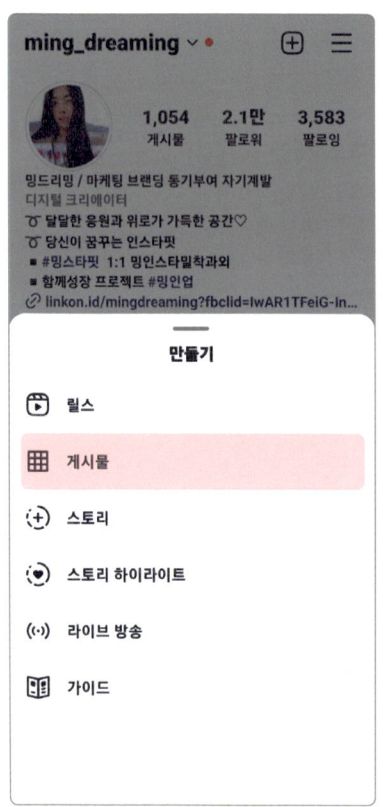

04 캡션을 작성한 후 [위치 추가]를 누른다.

05 위치를 입력한 후 찾는 위치를 클릭후 [다음]을 누른다.

 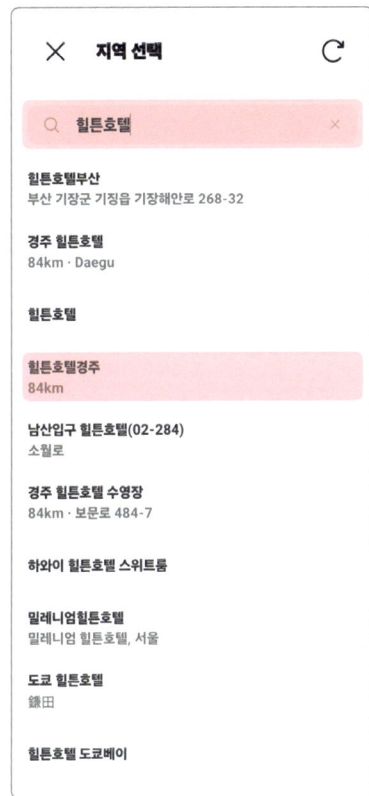

06 위치가 정확한지 확인하고 [공유]를 누른다.

07 게시물에 위치 태그가 된다.

PART 2

실전편

03 _ 인스타그램 '질적 성장'의 핵심 비법은 '소통'이다!

1. 댓글은 선물이다.
2. 나와 관심사가 같은 친구를 찾아라.
3. 진정성 있게 소통하라.

03 _ 인스타그램 '질적 성장'의 핵심 비법은 '소통'이다!

멋진 터에 훌륭하고 아름다운 건물이 들어섰다. 나만의 집을 완성한 것이다. 나만의 매장을 만들었다. 그다음은?

바로 집들이를 할 차례가 아닐까?
매장 개업식을 해야 하지 않을까?
찾아오는 손님을 어떻게 맞이할 것인가?

우리 매장에 온 손님을 찐 고객으로 만들 최고의 방법이 있다. 이번 장에 다룰 내용이 바로 이 부분이다.

같은 동네에 A와 B, 비슷한 분위기의 커피숍이고 커피 맛도 비슷하다고 가정해 보자. A 커피숍은 갈 때마다 친절하게 인사하고, 밝게 웃으며 농담도 건넨다. 커피를 주문하니 이번에 새로 개발하고 있는 쿠키라면서, 맛있는 수제 쿠키를 함께 건네준다. 친절하고 정성 가득 담긴 서비스에 하루 종일 기분이 좋아진다.

B 커피숍은 매장에 들어가도 인사는 커녕 눈도 안 마주친다. 주문하려니 불친절함이 가득한 말투와 눈빛이다. 퉁명스러운 말과 행동에 괜히 나까지 기분이 안 좋아진다.

자, 만약 두 군데 중 한 군데를 다시 방문해야 한다면 어떤 매장에 갈 것인가? 소중한 사람과 함께 커피를 마시며 기분 좋게 이야기를 나누려 한다면 어디를 가고 싶은가? 당연히 A 커피숍일 것이다. 건네준 수제 쿠키 덕분에 선물을 받은 것처럼 행복할 것이다. 친절은 사람을 기분 좋게 한다.

인스타그램에서 이렇게 친절함을 나타낼 수 있는 도구가 있다. 바로 '좋아요, 댓글, 디엠'이다. 팔로워들과의 소통 창구인 댓글은 인스타그램의 질적 성장의 비법 열쇠이기도 하다. 친절하고 서비스가 좋은 매장에 사람이 몰리고 소문이 나는 법! 인스타그램 역시 소통을 잘할 때 질적 성장이 일어난다.

1. 댓글은 선물이다.

댓글은 선물이라는 생각으로 관심이 있는 계정을 찾아 소통해 보라. 내 팔로워의 게시글에 남기는 댓글은 소중한 지인의 집에 놀러 갈 때 양손 가득 들고 가는 선물과도 같은 의미이다. 내 집에 오는 손님이 정성 가득 담은 선물을 양손 두둑이 들고 온다면 어떻겠는가? 고맙고 미안하고 조금이라도 더 신경 써주고 싶을 것이다.

지금 당장 친해지고 싶은 계정(타깃층)을 찾아가 댓글을 선물로 남겨보라. 그것도 마음 가득 담아 댓글을 써보라. 댓글을 선물로 받는 사람은 당신의 마음에 감동할 것이다.

만약 당신의 게시물에 댓글이 달린다면 어떻게 하면 좋을까? 그 '댓글 선물'을 감사히 받는 것이 예의 아닐까? 인스타그램에서 받은 댓글의 감사 표현은 '대댓글'이다.(댓글 밑에 다시 댓글을 다는 것) 그리고 나에게 댓글 남긴 계정을 찾아가 그분의 게시물에 댓글을 적는 방법도 참 좋다. 주고받고 소통하는 재미가 있다.

인스타그램은 오프라인의 공간과 비슷하다. 내 공간이 편한 친구들은 자주 와서 '댓글 선물', '좋아요'를 투척할 것이고! 왔는데 별로다 하면 다시는 찾지 않거나 간혹가다 올 것이다. 그렇게 하다 보면 나와 결이 맞는 단골 친구도 생기고 소소하게 마음을 나누다 보면 깊은 이야기를 나누는 소중한 친구를 얻을 수 있다. 시공간은 다르지만 보이지 않는 선한 영향력으로 연결되어 있는 곳이 바로 인스타그램이라는 세상이니까!

인스타그램의 핵심은 '소통'이다. 나의 찐친(진짜 친한 친구) 10명이 나를 살린다. 찐친은 진정한 소통으로 가능함을 기억하라. 그러니 소통하라. 소통하라. 또 소통하라! 댓글을 선물로 주는 친구들이 얼마나 고마운가? 돈 한 푼 들지 않는 댓글을 선물해 보자.

🔖 '좋아요'로 인사 나누는 방법

01 관심 있는 계정의 피드를 누른다.

02 [더보기]를 누르면 사진이나 영상의 캡션을 자세히 볼 수 있다.

 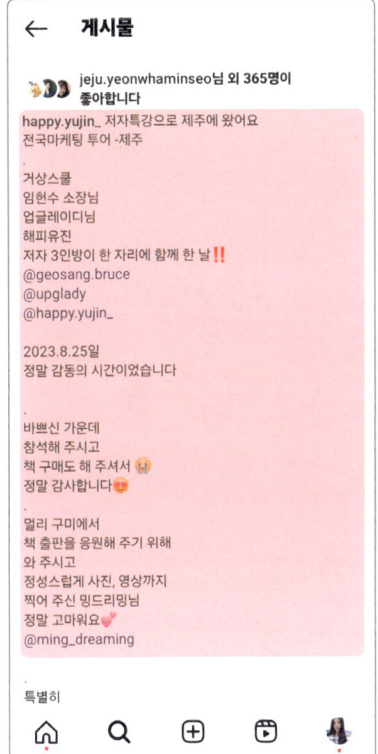

03 캡션을 읽고 [♡]을 누른다.

04 [♥] 색이 채워지면서 '좋아요'가 표시된다.

🔖 '댓글'로 인사 나누는 방법

01 관심 있는 계정의 피드를 누른다.

02 [더보기]를 누르면 사진이나 영상의 캡션을 자세히 볼 수 있다.

 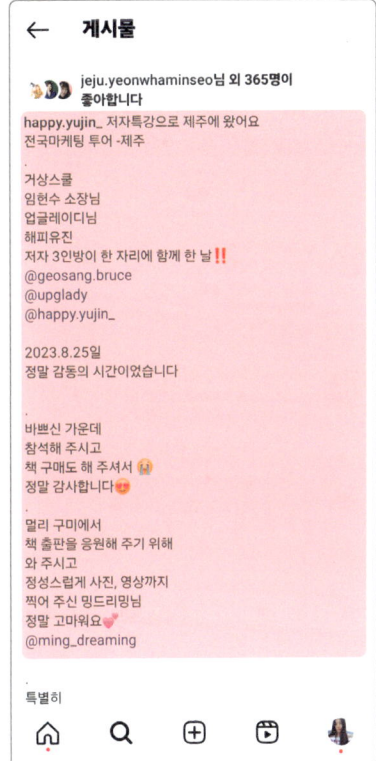

03 댓글창 화면을 클릭한다.

04 게시글에 맞는 정성스런 [댓글]을 쓴다.

 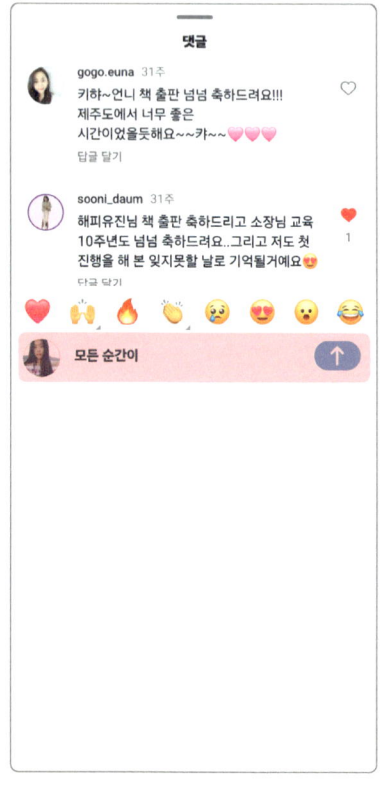

05 [↑]을 누른다.

06 내가 쓴 댓글이 선물로 남겨진다.

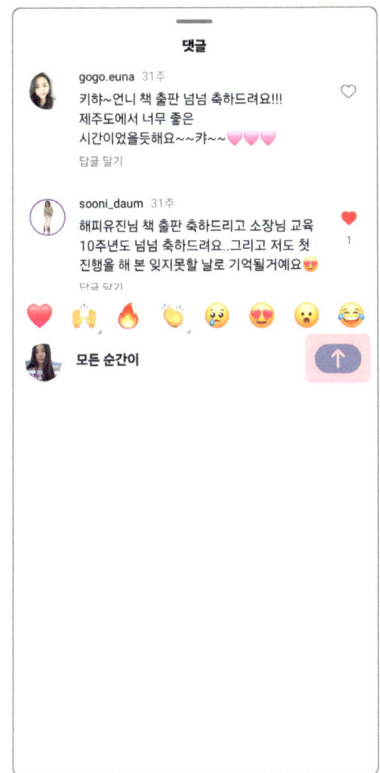 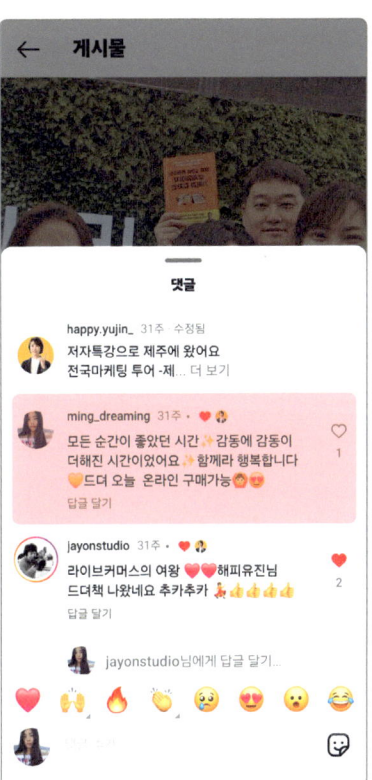

2. 나와 관심사가 같은 친구를 찾아라.

내 계정을 성장시킬 또 하나의 방법은 관심사가 같은 친구를 찾는 것이다. 잠재고객을 발굴하는 아주 쉬운 3가지 방법이 있다.

첫 번째, 해시태그를 사용하라.

두 번째, 나와 비슷한 관심사로 계정을 운영하는 큰 계정의 팔로워들을 찾아가라.

> **예시** 관심사가 독서나 자기 계발이라면 관심사 기반 #사용
> #책 #추천도서 #자기계발 #독서모임 #독서기록
> #독서노트 #동기부여 #동기부여명언 #동기부여글귀

> **예시** 지역 기반 매장이 있는 경우라면 지역 #사용
> #부산 #부산까페 #부산네일 #부산데이트 #부산미용실
> #부산핫플레이스 #부산가볼만한곳 #부산인테리어
> #부산떡케이크 #사직동맛집 #사직동카페
> #사직동꽃집 #사직동미용실

#지역+관심사(제품)를 검색하면 잠재고객을 쉽게 만날 수 있다.

세 번째, 지역의 큰 계정을 찾아가 그 계정의 팔로워들을 나의 타깃으로 설정하는 것이다. 쉽게 내 잠재고객을 발굴할 수 있는 금광인 셈이다.

예를 들어 부산에서 카페를 운영한다고 가정해 보자.
그러면 일단 부산의 맛집이나 카페를 모아서 운영하는 계정을 찾는 것이다.

> **예시**
> @busan.gogo 부산 가볼 만한 곳
> @enjoy.busan 엔조이부산
> @busan_.eats 부산잇츠

검색창에 부산이라고 치면 부산이라는 키워드를 쓴 부산에 관련된 계정이 뜬다. 그 계정 중 팔로워가 많은 계정을 찾아 들어간다. 게시글에 '좋아요'나 댓글을 쓴 계정을 살펴본다. '좋아요', 댓글을 남긴 사람들은 더 적극적인 소통과 상호작용을 하는 사용자이기 때문에 팔로워를 맺고 소통하기 수월한 장점이 있다. 소통을 잘하고 있는 그런 계정을 역으로 찾아가 먼저 '좋아요'를 누르고 댓글을 쓰며 진심어린 소통을 하면서 잠재고객을 발굴하는 것이다.

제품이 있다면 역시 마찬가지이다. 내 제품에 관심이 있을 법한 계정을 찾는다. 해시태그로 찾을 수도 있고 내가 관심이 가는 계정의 팔로워들에게 다가가는 방법이 있다.

> **예시**
> 30대 여성 옷을 온라인에서 판매한다고 가정해 보자. 우리 제품에 관심이 있을 법한 고객을 해시태그로 찾는다면
>
> #30대여성쇼핑몰 #30대코디 #30대여성의류
> #30대여자코디 #30대워킹맘 #출근룩

내 게시물에 검색량이 많은 해시태그를 사용하고 그런 해시태그를 검색해서 관심 있는 계정을 찾아 소통하는 것이다. 그런 계정이 나의 잠재고객인 셈이다.

3. 진정성 있게 소통하라.

나와 관심사가 맞는 친구, 내 제품을 좋아해 주는 고객, '찐친'이자 '찐 고객'을 만들려면 어떻게 하면 좋을까? 진정성 있는 소통, 즉 '좋아요'와 댓글을 통해 가능하다. 방법은 간단하다. 내가 관심 있는 계정을 찾아 '좋아요'를 누르고 게시물에 댓글을 남기는 것이다. 댓글을 선물처럼 전해주는 것이다. 게시물에 남긴 사진이나 글을 보고 거기에 맞는 댓글을 남기는 것이다. 한 줄이라도 진심을 담으면 된다.

간혹가다가 사진만 대충 보고, 피드의 글을 제대로 읽지 않고 댓글을 남기는 경우가 있다. 그러면 오히려 댓글을 안 다니니 못한 상황이 될 수도 있다. 시간이 조금 더 걸리더라도 글을 제대로 읽고 거기에 맞는 댓글을 남기도록 하자. 관심 있는 계정을 친한 친구 리스트에 추가, 즐겨찾기 추가까지 설정해 놓으면 더욱 좋다. 그 계정에서 게시물이나 스토리가 올라오면 나에게 알람을 보내주기 때문에 실시간 댓글로 소통이 가능하다. 매장 오픈 시간에 맞춰 날마다 와서 제품을 사는 사람이 있다면 얼마나 감사하고 그 고객이 오래도록 기억에 남겠는가?

인스타그램을 시작하고 소통에 어려움이 있다면, 이렇게 해보라. 관심사가 같은 찐친을 만날 수 있고, 찐 고객을 만들 수 있을 테니까! 내가 먼저 '좋아요'로 인사하고 '댓글'을 선물해 보자. 내가 보낸 관심이 나에게 배 이상으로 돌아오는 것을 경험할 것이다.

PART 2

실전편

04 _ 필수 앱 설치! 알면 피가 되고 살이 된다!

1. 디자인 툴
2. 사진 보정
3. 영상 편집
4. 리그램

04 _ 필수 앱 설치! 알면 피가 되고 살이 된다!

이번 장은 인스타그램 계정을 운영하는데 피가 되고 살이 되는 앱을 적어놓았다. 인스타그램 사진이나 영상 업로드 시 사용할 수 있는 약간의 보정이나 템플릿이 있지만 나만의 색감이나 톤, 분위기를 만들기엔 다음의 앱을 활용하면 좋을 것이다.

디자인 템플릿, 사진 보정, 영상편집, 리그램 앱들을 간략하게 소개해 놓았으니 다운 받아서 직접 활용해 보고 자신에게 맞는 앱을 사용해 보자.

1. 디자인 툴

많고 많은 디자인 툴 중 사용이 편리하고 활용할 수 있는 기능이 많은 앱 위주로 소개했다. 나 역시 릴스나 사진 게시물의 메인화면이나 디자인적 요소가 필요한 경우 자주 사용한다. 시각적인 요소를 높여주는 앱을 통해 나만의 피드톤을 만들어 보자.

1. 필요성

- 퀄리티 향상
  전문적인 디자인 툴을 사용하면 고품질의 이미지나 비디오를 제작할 수 있다.

- 시간 절약
  제공되는 템플릿을 활용하여 빠르게 콘텐츠를 생성할 수 있어, 시간을 효율적으로 사용할 수 있다.

- 창의력 발휘
  다양한 필터, 효과, 글꼴 등을 사용하여 창의적인 콘텐츠를 제작할 수 있다.

2. 추천 툴

- CANVA / 미리캔버스 / 망고보드 / 글그램

각각 앱을 직접 사용해보고 본인에게 맞는 앱을 주로 사용하면 손에 빨리 익고 좋다. 용도에 맞게 활용해보자.

» 캔바
- 가장 많이 사용하는 어플
- 스마트폰으로 작업하기 편리
- 다양한 이미지, 템플릿이 많아 다양하게 활용가능
- 무료버전도 활용도 GOOD

» 미리캔버스
- PC에서 하기 용이
- 100%무료버전, 고퀄리티
- 다양한 이미지, 템플릿많아 초보도 쉽게 사용가능

» 망고보드
- 누구나 쉽게 디자인가능
- 다양한 홍보디자인, 동영상 툴 편리한기능 많음
- 부분 무료 템플릿제공

» 글그램
- 사용방법 초심플
- 사진에 글쓰기 최적화된 어플
- 원하는 사진 + 글 = 피드완성

2. 사진 보정

사진 보정 앱은 다양하고 각기 다른 기능과 특성을 제공하며, 개인의 필요와 스킬 레벨에 맞춰 선택할 수 있다. 사진의 질을 향상하고, 창의적인 편집을 가능하게 도와준다.

여러 가지 앱 중 사용하기 편하고 인기 있는 사진 보정 앱과 그들의 장점, 활용 방안을 적어놓았으니 직접 사용해 보고 좀 더 나은 사진을 업로드하길 바란다.

1. 필요성

- 화질 향상
  사진의 선명도, 색상, 대비 등을 조정하여 더 높은 화질의 이미지를 만들 수 있고 잠재고객에게 더 매력적으로 보이게 한다.

- 일관된 피드톤 유지
  브랜드나 개인 계정의 피드에 일관된 느낌을 주기 위해서는 색감이나 필터를 통일하는 것이 중요하다. 보정 앱을 사용하면 원하는 스타일을 쉽게 유지할 수 있다.

- 자연스러운 이미지 수정
  인물 사진의 자동 보정이 가능하다. 피부 잡티나 얼굴 부분적 수정도 가능하고 몸매도 수정 보완가능하다. 비주얼 중심의 플랫폼이기 때문에, 매력적인 이미지를 통해 더 많은 관심과 상호작용을 얻을 수 있다. 보정 앱을 사용하면 더욱 눈길을 끄는 콘텐츠를 제작할 수 있다.

2. 추천 툴

- 스노우 / 유라이크 / 푸디 / 스냅시드

» 스노우
- 가장 많이 애용하는 어플
- 얼굴보정, 몸매보정하기 편함
- 글자도 입력할 수 있어 간단한 카드뉴스 만들 때도 사용
- 요즘 핫한 AI 아바타로 수많은 버전의 '나'를 만들기 가능

» 유라이크
- 감성필터로 인기
- 초보자도 쉽게 인생사진가능
- 뷰티탭에서 사용자 얼굴형 템플릿을 만들어 저장가능

» 푸디
- 음식 사진 촬영에 제격
- 색감돋는 사진촬영 GOOD
- 레시피기능-다른 사람들이 만들어 놓은 보정값 사용가능

» 스냅시드
- 구글이 개발한 전문 보정 어플
- 모바일로 다양하고 디테일하게 수준급 보정이 가능함
- 손쉬운 사용방법 포토샵 부럽지 않을 정도 GOOD

3. 영상편집

많은 영상편집 앱 중 단연 최고는 캡컷(CapCut)이지 않을까 생각한다. 캡컷은 강력하면서도 사용하기 쉬운 비디오 편집 앱이다. 다양한 기능을 통해 사용자가 창의적이고 전문적인 비디오 콘텐츠를 쉽게 제작할 수 있게 돕는다.

» 캡컷
- 영상 초보자에게 편리
- 모바일 편집에 용이
- 템플릿 무료제공
- 자막-자동캡션 / 음성변환

1. 캡컷의 장점

- **영상 초보자에게 편리**
  영상 제작이 처음이라면 캡컷의 기본 기능만 익혀도 퀄리티 있는 영상을 쉽게 만들 수 있다.

- **모바일 최적화**
  스마트폰 사용자를 위해 설계되어, 언제 어디서나 쉽게 비디오 편집 작업을 할 수 있다.

- **무료 사용 가능**
  기본적인 편집 기능을 무료로 제공한다. 고급 기능도 상당 부분 무료로 이용할 수 있어, 비용 부담 없이 고품질의 비디오를 제작할 수 있는 장점이 있다.

- **다양한 효과와 필터**
  사용자가 창의적인 비디오를 만들 수 있도록 다양한 효과, 전환, 필터, 스티커 등을 제공한다. 자막 역시 자동으로 변환 가능하고 음성으로도 자막을 생성 가능해 시간을 절약할 수 있다.

- AI 기술의 적용

  AI 기반의 기능을 통해 자동으로 비디오의 품질을 향상하거나, 배경을 제거하는 등의 복잡한 작업을 간단하게 수행할 수 있다.

4. 리그램

1. 리그램이란?

인스타그램에서 '리그램(Regram)'이란 다른 사용자의 게시물을 복사하여 자신의 피드에 다시 게시하는 행위를 말한다. 공식적으로 인스타그램에 내장된 기능은 아니지만, 사용자들 사이에서 널리 활용되고 있다.

원본 게시한 계정에게 리그램이 가능한지 여부를 묻고, 가능하다고 하면 게시물에 아이디를 언급하거나 해시태그를 사용해 출처를 밝히는 것이 필수이다.

2. 리그램의 역할, 필요성

- 리그램은 커뮤니티 내에서 정보, 영감, 아이디어를 공유하는 중요한 수단이다. 특히나 콘텐츠 크리에이터, 브랜드, 일반 사용자들 사이에서 유용한 정보를 퍼뜨리거나, 우수한 작품을 확산시키는 데 큰 역할을 한다.

3. 리그램의 활용 방법

- 스크린 샷과 수동 업로드
  가장 간단한 리그램 방법은 원하는 게시물을 스크린 샷을 찍은 후 자신의 피드에 업로드하는 것이다. 스크린 샷으로 업로드 시 화질, 비율이 맞지 않아 사실 이 방법은 비추천한다.

- 앱 사용
  리그램 앱을 통해 다른 사용자의 원본 게시물을 쉽게 자신의 피드나 스토리에 공유할 수 있는 방법이다. 원본 게시물의 사진이나 영상뿐만 아니라 캡션까지 복사할 수 있어서 아주 편리하다.

- 스토리를 통한 공유
  자신에게 태그된 게시물을 스토리에 직접 공유할 수 있는 기능이다. 또한, 공개 계정의 스토리를 다시 자신의 스토리로 공유하는 것도 가능하다.

4. 리그램의 장점

- 콘텐츠의 다양화
  다양한 소스에서 콘텐츠를 가져와 자신의 피드를 풍부하게 할 수 있다.

- 마케팅 및 프로모션 효과
  브랜드나 기업은 리그램을 통해 사용자 콘텐츠를 활용하여 자신의 제품이나 서비스를 효과적으로 홍보할 수 있다.

- 활용
  제품 후기, 리뷰, 체험단 등 마케팅, 브랜딩 하기에 탁월하고 활용도가 높다.

5. 리그램 추천 어플

- 리그램 / Repost

≫ 리그램
- 타인 게시물-나의피드 공유
- 사용하기 편리
- 다른 피드의 글, 사진, 영상까지 모두 리그램 가능

≫ Repost
- 누구나 쉽게 사용가능
- 링크복사를 통해 리그램
- 글, 사진, 영상 등 원하는 내용을 내 피드로 공유가능

PART 2

실전편

05 _ 매출 10배 올려주는 마케팅 필승법을 사용하라!

    1. 이벤트

    2. 체험단

    3. 인플루언서 협업(협찬)

    4. 공동구매

05 _ 매출 10배 올려주는 마케팅 필승법을 사용하라!

과연 인스타그램으로 매출을 10배 올리는 것이 가능할까? 정답은 '가능하다!' 이다. 인스타그램을 통해 매출을 10배 올려주는 마케팅 필승법이 있다. 이번 장에서 다룰 내용이 바로 이것이다.

1인 사업가에게 최적화된 마케팅 도구가 '인스타그램'이라 해도 과언이 아니다. 다음의 전략을 사용하면 매출뿐 아니라 팔로워 향상, 브랜드 인지도를 높이고 잠재고객을 모으는 치트키가 될 수 있다.

1. 이벤트

팔로워 수를 늘리거나 계정활성화를 위해 가벼운 이벤트를 진행하는 경우가 많다. 신제품이 나오거나 제품을 홍보할 경우 인스타그램을 통해 이벤트를 진행하면 도움이 된다.

1. 장점

- 소비자들의 참여와 관심을 유발
- 제품의 홍보 효과를 극대화
- 공유 및 해시태그 참여를 통해 브랜드의 인지도 향상
- 제품 체험을 통해 입소문 효과 기대
- 팔로워 증대, 향후 구매율 높이는데 도움

2. 이벤트 활용방법

팔로워들에게 이벤트에 참여하거나 제품을 구매하는 것을 조건으로 경품을 제공한다. 리뷰이벤트를 통해 후기를 모을 수 있다. 후기는 제2의 상세페이지임을 기억하라.

3. 피드 작성 및 유의 사항

이벤트 목적 / 이벤트 기간 / 선물 / 참여 방법 등을 확실하게 기재해야 한다. 자유롭게 많은 사람들이 이벤트에 참여하도록 명확하고 쉽게 이해되도록 올리는 게 포인트이다.

4. 이벤트 활용 예시

메인 피드는 무조건 '이벤트 피드' 라는 것이 확실하게 보이도록 만들자!
(앞 장에서 다룬 필수 앱을 사용하면 쉽게 만들 수 있다.)

● 팔로워나 잠재고객이 가벼운 마음으로 쉽게 참여가 가능하도록 만들어도 좋다. 계정 활성화에 도움이 되니 소소한 이벤트를 종종 해보자.

5. 쉬운 이벤트 예시

생일 축하 댓글 이벤트를 진행한 피드이다. 가볍지만 재미난 이벤트는 팔로워의 참가율을 높인다.

이벤트 게시물 _캡션 내용 예시

← 게시물

ming_dreaming 🎉 생일 👆 축하 댓글선물 EVENT 🎁
지나가다 제 피드를 마주한 친구들께♡
응원 댓글선물 부탁 드릴려구요🩷

이모티콘도 좋고
응원이 담긴 축복가득 담은 댓글도 좋아요☺️

✔️축하해준 친구 3분께
✔️커피쿠폰 슝~~보내드릴게요🙏🏻
.

벌써 40 이더라구요.
(만나이로 바뀌는 바람에
40살 생일을 2번째 보내는 중😅)
가족과 함께 소소하게 행복하게 보냈어요♡
.

💗 카톡으로 문자로, 전화로
생일 축하와 선물에 감사한 하루였어요.

제주도에서 연락주신 울 소녀장군님
축하 + 용기 북돋아주셔서 큰 힘을 얻었구요.
.

🥹대학 지도교수님이자
결혼 주례를 봐주셨던 교수님께서
생일 축하한다고 연락을 주셨는데
참 감사하고 죄송하고 그랬어요.

코로나 백신 후유증으로 입원하신 이후로
몸무게가 20키로나 빠지셔서
몸도 아직 안 좋으신데.

축하한다고, 가까이 있었음
밥이라도 한끼 먹는건데 하시던
따뜻한 목소리에 또 눈물이 왈칵나더라구요😭

제 인생의 캄캄한 시절
은인이기도 하신 은사님이셨기에
제게 참 소중하고 고마운 분🩷
.
.
.
그래서요.
인스타에서 소중한 인연으로 만난
울 친구들의. 따슙 달달한. 축하가 받고 싶더라구요 💗

울 친구들의
달달한 응원을 자주 들여다 보려구요 ✨

이모티콘도 좋고
축복가루 슝~ 뿌린 댓글도
울 친구들의 마음은 뭐든 좋아요🥳

❤️따뜻하게 보낸 마음에
➕저의 달달따뜻한 마음을 만배로 보태어
✔️커피쿠폰 보내드릴게요🎁

미리 감사해요.
생일주간동안 마음껏 축하받을게요♡

2. 체험단

체험단은 새로운 제품이나 서비스 등을 미리 이용해 보면서 품질을 평가하는 기업 차원에서 조직한 소비자 집단을 말한다.

1. 장점

- 바이럴 마케팅 도움
- 제품의 신뢰성을 높이고 브랜드에 대한 긍정적인 인식 형성 가능
- 제품의 품질과 성능에 대한 평가를 정확하게 받음

2. 활용 방법

제품을 무료로 제공받거나 할인 혜택을 받는 대신 솔직한 리뷰를 작성하도록 한다. 자신의 계정에 체험단 모집 피드를 올리는 것과 동시에 체험단에 어울릴 만한 계정을 찾아 디엠을 보내면 좋다.

3. 체험단 선정

체험단을 선정하는 것이 가장 중요하다. 제품을 잘 홍보할 수 있는 계정을 찾아서 선택해야 한다.

4. 피드 작성 및 유의 사항

체험단 모집인원 / 제품 / 참여 방법 / 일정을 기재한다.
체험하고 후기를 기간 이내에 작성해달라는 문구가 필수 작성이 되어야 한다. 동시에 후기 리그램이 가능한 계정을 선택하는 것이 중요하다.

5. 체험단 모집 예시

> 참고 ▶ 인스타그램 홈 화면에 체험단을 검색하면 다양한 피드를 살펴볼 수 있다. 잘 만든 체험단 피드를 참고해서 체험단을 모집해 보자.

3. 인플루언서 협업(협찬)

특정 분야나 관심사에 대해 많은 팔로워와 영향력을 가지고 있는 사람을 말한다. 그들에게 제품이나 서비스를 제공하고 그들의 영향력을 활용하는 전략이다.

1. 장점

- 확실한 타깃층을 공략한 마케팅 방법
- 관련 분야의 인플루언서와 협력하여 브랜드 인지도 향상
- 적절한 협업을 통해 제품의 홍보와 판매를 증진

2. 방법 및 유의 사항

- 인플루언서의 팔로워 수, 영향력, 콘텐츠의 품질 등을 고려해서 선정
- 피드 노출 조건 / 업로드 요청일 / 광고비용 / 콘텐츠 필수 포함 내용 / 해시태그 등 명확하게 제안

3. 인플루언서 협업_디엠 예시

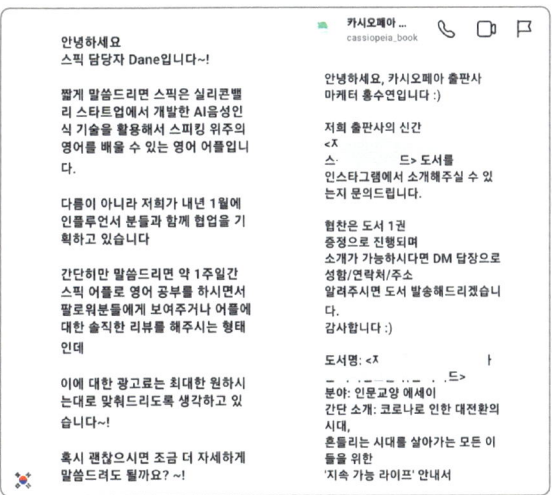

인플루언서 협업_디엠 예시

[인플루언서 모집 - 팔공산 케이블카]
안녕하세요. 빅데이터 인플루언서 마케팅 서비스, 빅버드아이입니다. 팔공산 케이블카 방문 리뷰 인플루언서를 모집하고 있습니다.

해발820M 아래로 펼쳐지는 쾌적한 자연을 감상하실 수 있는 케이블카 이용권과 식사권, 추가로 원고료 3만원을 혜택으로 드리고 있습니다.

진행 의사가 있으신 분은 5월 6일까지 위의 구글폼 동의서에 작성해주세요

-내용-
1. 주제: <팔공산 케이블카>에 직접 방문 후 시설 및 음식 리뷰
2. 포스팅: 2회 (사진 2회 (필수 : 포스팅당 4장 이상), 동영상 1회(권장사항))
3. 모집인원: 20명
4. 방문기간: 5월 10일(수) ~ 5월 16일(일)
5. 혜택1 : 케이블카 2인권, 식사 2인권
6. 혜택2 : 원고료
7. 진행방식 : 간단 원고 검수 후 포스팅

-참고사항-
a. 업체제공 해시태그 필수 포함
b. 빅버드아이 홈페이지 및 고객사 공식계정에 소개될 수 있음
c. 본 DM은 모집/신청 단계로써 실제 선정은 고객사 협의 후 진행
d. 본 계정은 모집 계정으로 질문에 대한 답변이 늦을 수 있음

4. 공동구매

여러 사람이 모여 제품을 저렴하게 구매하는 방식이다. 온라인에서 가장 저렴하게 판매하는 방식이기에, 공구를 이용해 제품을 구매하려고 인스타그램을 이용하는 사람들이 많다.

나의 경우 공동구매를 이용해서 제품을 하루에 몇백 개를 팔았고, 공구 기간 동안(보통 3~5일) 1천 개 정도를 판매하기도 했다. 공동구매를 활용하면 그만큼 구매율을 높일 수 있고, 브랜드 홍보하는 데 큰 도움이 된다.

1. 장점

- 다양한 고객층 도달, 직접적인 소통과 관계 형성
- 대량 구매로 인한 가격 혜택, 다양한 제품 선택 가능
- 잠재고객과의 유대감 형성 강화
- 타깃팅을 통한 효과적인 홍보 효과
- 지역과 관심사 타깃팅가능

2. 방법 및 유의 사항

- 공동구매 오픈 피드가 확실히 보이도록 작성
  (광고판 역할을 제대로 하므로 매출에 즉각적인 영향을 미침)
- 공구기간 / 금액 / 구성 / 프로모션 확실히 기재
- 제품에 대한 설명과 가격 정보를 명확하게 표기
- 주문 방식, 결제 수단, 배송 정보 등에 대한 안내 필수
- 제품이 궁금하도록 / 구매가 일어나도록 글 작성 중요

3. 공동구매 예시

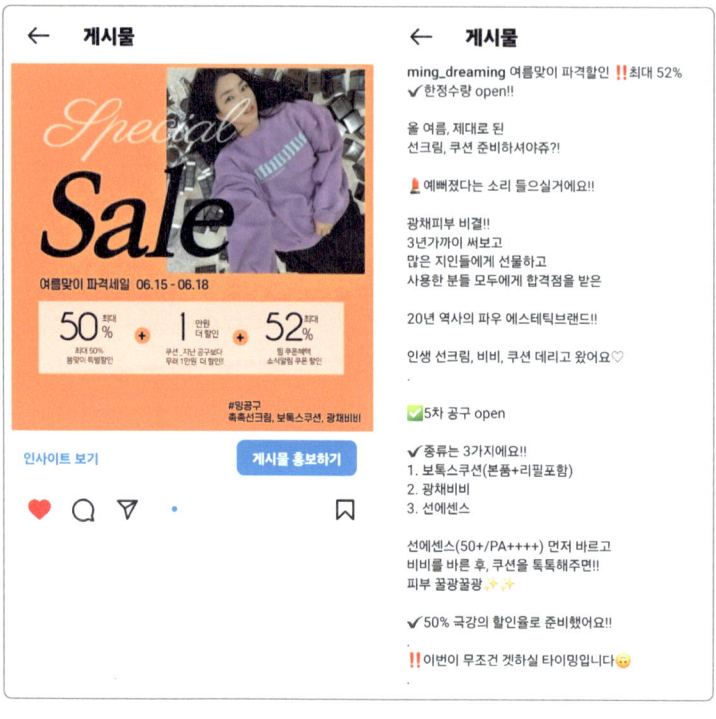

공동구매_피드 예시

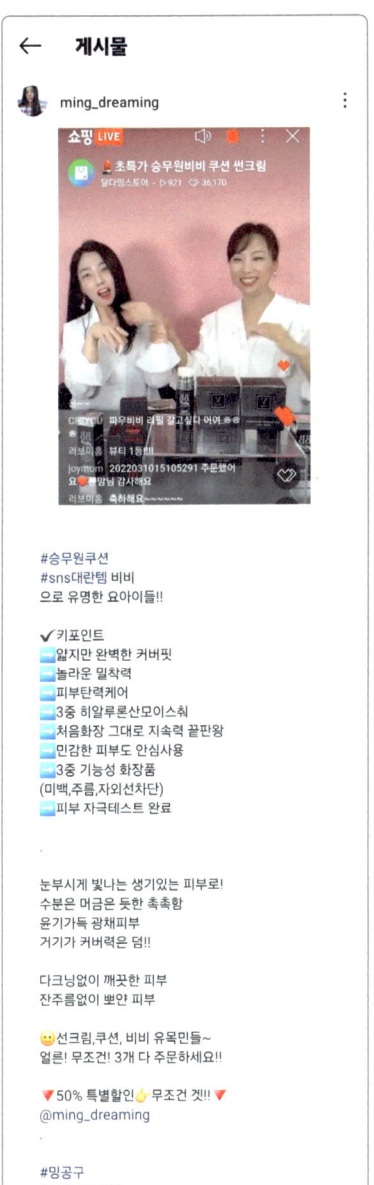

05_ 매출 10배 올려주는 마케팅 필승법을 사용하라!

공동구매_피드 예시

피드의 메인은 명확하게 할 것! 제품뿐만 아니라 챌린지나 수업, 컨설팅 역시 공동구매 가능하다!

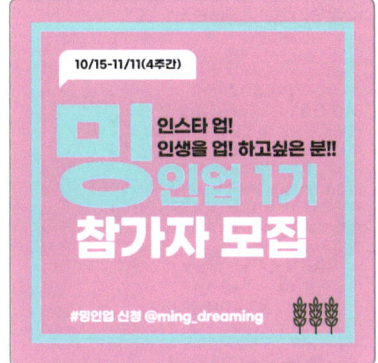
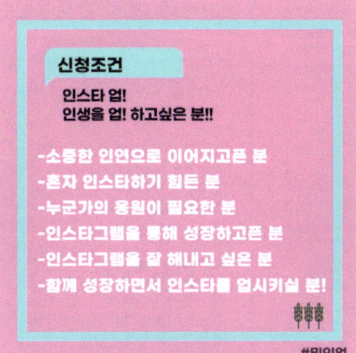
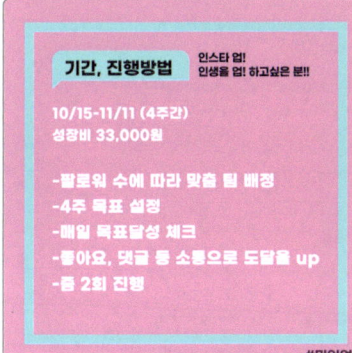
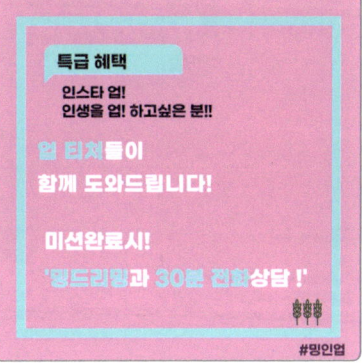

4. 공구제안_DM예시

인플루언서 혹은 회사의 제품을 잘 판매할 수 있는 계정을 찾아서 공동구매를 제안할 경우, 아래 예시 DM을 보면 도움이 될 것이다.

> 달다밍님, 소중한 우리 아이를 위한 공구 제안드려요 ❤️
>
> 감기기운 있는 우리 아이를 위한,
> 비염있는 우리 아이를 위한,
> 면역력 약한 우리 아이를 위한,
> 맛있는 생강, '홍강청S'
>
> ⭐ 홍강
> ✔️ 홍강은 다른 생강청과는 달리 매운 맛이 없어 어린 아이들도 맛있게 먹을 수 있는 맛이고, 쇼가올의 함량이 기존 생강보다 10배 가량 높아 효능은 더욱 좋아요
> ✔️ 감기예방, 비염완화, 면역력 증진, 혈액순환에 특히 좋은 홍강
> ✔️ 고담촌은 보다 많은 분들이 생강을 맛있게 드시고 건강하셨으면 좋겠다는 바람으로 홍강을 개발했습니다
>
> ⭐ 공구 진행 제품 : 홍강청S
> ✔️ 홍강청S는 기존의 홍강청을 간편하게 섭취할 수 있도록 스틱 제품으로 개발되어 나왔어요
> ✔️ 홍강청S는 100% 국내산생강, 유기농원당에 당귀농축액, 감초농축액이 첨가되어 만들어지며 방부제와 보존제가 들어가지 않아 안심하고 드실 수 있어요
> ✔️ 제품에 대한 자세한 설명은 저희 홈페이지를 참고해주세요
> 🏠 https://honggang.modoo.at
>
> 많은 사람들에게 홍강청S를 알릴 수 있도록 공구 진행 부탁드릴게요 🙏
> 천천히 읽어보시고 연락주세요 감사합니다 ❤️
>
> 🏠 : https://honggang.modoo
> ❤️
> 📞

> 안녕하세요
>
> 저는 수입과일 도매업과 오프라인 소매매장을 운영하고있는 드리고 대표 ___ 합니다
>
> 연매출 50억정도이며
> 롯데백화점 현대백화점 우리마트 등 주요납품처입니다
>
> 아보카도 특가 행사 있어연락드립니다
> 그리고 협찬&공구진행도 할수있습니다
>
> 저희업체와 진행하시면 우선 체험단으로 과일 샘플받아보실수있으며 맛과 신선도는 보장합니다
>
> 매일 먹어보고 가장 맛있는 제품으로 선별하니 자신있습니다
>
> 매번 새로운 과일 샘플보내드리는 거 직접 시식하시고 관심있는 제품으로 공구진행하실수도있습니다
>
> 과일은 전국민 누구나 관여도가 높은 제품으로
> 맛 하나 만큼은 자신있습니다
> 10여년가까이 사업 해온 노하우로 본질에 대한 이해도가 높고 포장과 배송에 더욱 신경써서 진행하고 있습니다
>
> 블로그 또는 인스타피드에 협찬&광고도 가능합니다
>
> 관심있으시면 연락부탁드립니다
>
> 수입과일 도매업을 하고 있어 지금 진행하고 있는 아보카도 외에 골드키위 스테비아 토마토등 여러 제품이 있습니다
> 참고하셨으면 합니다
> 감사합니다
>
>
>

PART 3
성공편

01 _ 지인옥 작가 : 60세, 인스타그램으로 인생이 송두리째 바뀌다!

02 _ 버섯지기 : 인스타그램으로 브랜딩 해내다!

03 _ 라온제나 : 사람과의 연결, 그 기적을 맛보다!

04 _ 가든하이로 : 잠자던 오프라인 매장 매출을 깨우다!

05 _ 구해진 피부 : 인스타그램을 통해 온라인마켓을 구축하다!

06 _ 민정드림 : 인스타그램은 최고의 자기 성장 도구다!

07 _ 이제 당신 차례 : 시작하는 순간, 최고의 무기가 될 것이다!

"당신은 무엇이든 할 수 있다. 하지만 시작해야만 한다."
- 피터 F. 드러커

"언제나 성공의 첫 번째 조건은 시도하는 것입니다."
- 토마스 에디슨

"가장 좋은 시작은 지금 당장이다."
- 마크 트웨인

"성공은 꿈꾸고, 믿고, 대담해지고, 실천하는 데서 오는 것이다."
- 존 디줄리어스 3세

많은 철학자, 유명인, 성공자들은 하나 같이 똑같이 말한다. 지금. 당장. 시작하라고! 시작하면 이미 성공한 것이나 다름없다. 시작을 하기만 하면 누구나 성공할 수 있다고 믿는다. 오늘의 시작이 꿈꾸는 내일을 만들어 줄 것이다.

이번 편은 인스타그램 컨설팅을 통해 만난 '나의 소중한 친구' 분야별 대표님들의 '성공 사례'를 담았다. 인스타그램을 통해 몸소 경험한 성공담, 그들의 이야기들이 적혀있다. 각자의 언어대로, 써주신 그대로 옮겨놓았다. 한 분 한 분의 스토리에 가득 담긴 따뜻한 응원의 마음을 느낄 수 있다면 좋겠다. 시작이 두려워 망설이고 있다면 다음의 성공 사례를 보고 용기를 듬뿍 얻길 바란다.

결국 무엇이든 해내는 당신!
제대로 배운 인스타그램, 자신만의 무기로 만들자!

01 _ 지인옥 작가

60세, 인스타그램으로 인생이 송두리째 바뀌다!

계정 링크 https://www.instagram.com/jee_writer

내가 인스타그램을 시작하게 된 계기는 60살의 나이에 책을 쓰고 출간해야 하는데, 코로나로 오프라인 홍보가 어려워서 고민하고 있을 때였다. 출판사 담당자가 나에게
"혹시, 책 홍보는 어떻게 하실 건가요?"
"책 홍보요? 그건 출판사에서 알아서 해주시는 거 아닌가요?"
"아~ 출판사에서만 홍보하는 것이 아니에요. 작가님도 홍보 채널을 통해서 판매하셔야 해요."
"저는 홍보하는 방법을 모르는데요. 블로그와 유튜브를 시작한 지 얼마 안 돼서 홍보될지 모르겠어요."

"그러면 인스타그램은 하시나요?"
"인스타그램이요?? 그게 뭔데요?"
"……"
"주로 젊은 사람들이 이용하는 SNS 공간인데 작가님은 아이 잘 키우는 이야기를 책으로 쓰셨으니 젊은 엄마들과 소통하는 게 좋아요. 인스타그램을 하시면 독자들과 정보를 주고받으며 친해질 수 있어서 도움이 됩니다."
"네… 알겠습니다."

이렇게 해서 아무것도 모르는 내가 인스타그램에 진입하는 계기가 되었다. 아무것도 모른다는 건 다시 말해 용감하다는 말이다. '그냥 열심히 하다 보면 되겠지?' 하는 마음으로 시작한 인스타그램이 3년이 지난 지금은 나의 삶을 송두리째 바꾸어 놓은 아주 고마운 존재가 되었다. 아무것도 모르는 용감함에 나를 맡기고 꾸준히 실행했고 현재 인스타그램을 통해 영향력 있는 삶을 살 수 있다는 것이 60대 할머니가 이루어낸 큰 성과이다.

인스타그램을 3년 운영하며 많은 일이 있었다. 때로는 이걸 왜 하나? 하는 회의감에 빠져 며칠 방황하는 날도 있었다. 열심히 만들어 올린 피드에 사람들의 반응이 없으면 일이 손에 잡히지 않던 때도 있었다 매일 꾸준히 피드를 올린다는 건 큰 노력이 필요하다. 나는 그 노력을 아끼지 않았기에 원하는 결과를 만들어낼 수 있었다. 지금 생각해 보면 60대 이후에 인스타그램 피드를 만들기 위해 노력한 것이 가장 잘한 일이다. 그리고 만 팔로워를 목표로 최선을 다해 노력했던 순간이 나에게 큰 자존감을 상승시키는 일이었다.

나는 인스타그램에서 사람들과 나누는 이야기가 재미있다. 인스타그램 팔로워 숫자에 상관없이 내가 하고 싶은 이야기를 풀어나갔다. 그러다 나의 살아온 이야기를 풀어놓게 되었고, 그 이야기가 사람들의 반응이 좋아 소위 '떡상'이란 걸 하게 되었다. 그런 경험이 처음이었고, 어떻게 반응해야 할지 막막했다.

갈피를 잡지 못하고 헤매고 있을 때 밍드리밍님(박미희 대표)의 컨설팅을 받게 되었다. 워낙 인스타그램에서 1:1 컨설팅으로 유명하신 분이라 어림짐작 실력을 알 수 있었다. 하지만, 컨설팅을 받고는 밍드리밍님의 인스타그램 전문 지식이 얼마나 대단한지 감탄을 금치 못했다.

떡상된 콘텐츠의 면밀한 분석과 앞으로 진행할 피드의 방향성을 짚어주고 릴스 하나하나 세심하게 코칭을 해주셨다. 프로필 설계부터 콘텐츠 주제 선정, 알고리즘을 확산시키기 위한 전략까지 인스타그램을 탄탄하게 성장시키는 방법을 배웠다. 팔로워 수가 현저히 늘어나고 유입량이 폭발하면서 릴스 뷰가 1만 뷰도 안 되었는데 200만 뷰가 넘는 조회수를 기록하는 릴스가 나오기도 했다. 뿐만 아니라 하루에 1천 명 이상의 팔로워 수가 증가하는 추세를 보이더니, 단 3주 만에 팔로워 1.4만 명에서 3.2만 명까지 폭발적 성장을 하는 신기한 경험을 했다.

그 덕분에 인스타그램에서 전자책 쓰기 프로그램과 각종 챌린지 등을 통하여 생각보다 많은 수입을 올리고 있다. 그 수입으로 노년의 인생이 조금 더 여유로워지고, 다른 사람들에게 좋은 영향력을 줄 수 있다는 것에 행복을 느끼며 살고 있다. 이렇게 인스타그램 성장 과정에 많은 도움을 주신 밍드리밍님께 감사를 드린다.

아무것도 몰라도 괜찮다. 스스로를 믿고 그냥 용감하게 하면 된다. 하고자 하면 길은 반드시 열린다. 그러니 지금 당장 도전해 보라고 말해주고 싶다. 인스타그램이라면 언제라도 늦지 않다!

02 _ 버섯지기

인스타그램으로 브랜딩 해내다!

🔗 계정 링크 https://www.instagram.com/bussut_jigi

남편이 시부모님이 하던 원목 표고버섯 농사를 이어받아, 배지 표고로 바꾸어 농사를 지었어요. 그러다 새로운 품종인 참송이버섯을 출시했어요. 하필이면 출시하던 해인 2019년 말, 코로나로 인해 공판장에 내려던 참송이버섯은 판로가 막혀버렸고, 참송이 버섯을 아는 사람도 시중에 많이 없었어요.

돌파구는 온라인밖에 없다는 생각이 들었어요. 그래서 2020년 인스타그램과 네이버 스마트스토어를 개설하고, 아무런 지식이 없는 상태에서 스토어에 상세

페이지를 열심히 만들어서 인스타그램에서 소통하며 네이버에서 판매했으나, 상세페이지와 검색 최적화 등.. 업그레이드가 시급하다는 생각이 들어 강의를 섭렵하게 됩니다.

인스타그램은 농장을 브랜딩하고 고객과의 소통의 창구로 중요하다고 생각했던 부분이었어요. 그래서 더욱 인스타그램 브랜딩이 절실했어요.

인스타그램의 계정 아이디는 조아팜_머쉬룸(@joafarm_mushroom)이었고, 브랜드명은 버섯지기였는데, 네이밍이 달라서 같은 판매자로 인식되지도 않고 어려움이 있었어요. 브랜딩을 하려면 이름의 통일이 필요하단 걸 사업을 할수록 더욱 느꼈답니다. 버섯지기를 영어로 어떻게 표현해야하나 막막했는데 그때 박미희 대표님을 만나 @bussu_jigi(버섯지기)로 사이다처럼 브랜드명이 통일! 고민이 해결되었어요. 인스타그램 운영하면서의 필요한 부분과 문제점도 콕콕 집어 이해하기 쉽게 컨설팅을 해주셨지요.

인스타 게시글을 보면 버섯농장을 하시는 분인지 제 계정을 보고 먹스타 하시는 분인지 뭘 하는 분인지 모르겠다고 하셔서, 방향성을 고쳐나갔는데 확실히 제가 보기에도 좋아진 것 같아요.

인스타그램을 통해 사업 성장에 많은 도움을 받았어요. DM으로 백화점 측 버섯 강좌 문의도 오고, 버섯 농부 방송 출연 제의도 받았어요.(그 당시 수확할 버섯이 없어서 미뤄지긴 했어요.) 버섯 문의도 많이 들어와요, 내가 해왔던 봉사활동이나 사업 관련 활동들도 피드에 올리면 그것도 브랜드의 한 부분으로 도움이 된다는 걸 알게 되었어요.

막연하고 뻔한 인스타그램 비즈니스 강의를 겪으신 분이라면, 기초부터 이해 쏙쏙~! 알려주시는 박미희(밍드리밍) 대표님의 실전 강의! 꼭 들어보세요. 계정의 성장이 눈에 보이게 될 거에요.

저의 사업성장에 인스타그램은 필수였어요. 만약 인스타그램을 안 했다면, 버섯지기를 브랜딩하고 매출을 올리기 어려웠을 것 같아요. 정말 큰 도움이 되었어요. 계정을 만들어놓고 활용하지 않았다면 인스타그램 꼭 해보세요. 분명 사업 운영에 도움을 받으실 거예요.

03 _ 라온제나

사람과의 연결, 그 기적을 맛보다!

🔗 계정 링크 https://www.instagram.com/raonjenna__/

저는 사랑보다는 일이 더 중요한 삶을 살아왔습니다. 그런데 내 나이 마흔이 되는 해 꿈같은 결혼을 하였고 마흔다섯에 눈에 넣어도 아프지 않을 소중한 딸을 얻었습니다. 불혹을 훌쩍 넘긴 나이에 육아라니 주위의 걱정에도 아랑곳하지 않고 멋지게 해내고 싶었지만, 육아의 현실은 혹독했습니다.

물론 아이를 키우는 것은 분명 행복한 일이었지만 내 이름 석 자는 점점 사라졌고 누구의 엄마로 통하는 '경력단절녀'가 되어버렸습니다. 그렇게 스멀스멀 우울증이 찾아올 때쯤 인스타로 수익화를 이루고 싶었습니다. 그때 운명처럼 밍드리밍님의 1:1 컨설팅을 받았습니다. 부드럽지만 단호하게 전체적인 피드의 문제점을 정확하게 잡아 주셨고 앞으로의 방향에 대해서도 아낌없이 조언해 주셨습니다. 그리고 무엇보다 인사이트 보는 법과 통계를 통한 분석을 통해 인스타그램을 체계적으로 운영하는 방법까지 알려 주셨습니다.

돌아오는 기차 안에서 이제 남은 것은 알려주신 내용을 토대로 구체적인 목표를 세우고 실천하는 것만 남았다 생각했습니다. 하지만 모든 일이 그렇듯 혼자서 실천해 나가기란 결코 쉽지 않았습니다. 육아로 지친 체력도 문제였지만 늘어나지 않는 팔로워 수에 자신감도 열정도 바닥인 상태가 되어버렸습니다.

하지만 밍드리밍님은 남달랐습니다. 컨설팅이 끝났다고 모든 것이 끝난 것이 아니었지요. 항상 피드를 올리면 제일 먼저 피드백을 해주시는 덕분에 저는 결코 포기하지 않았습니다. 시간이 흐를수록 자신을 스쳐 지나간 수많은 사람들 한 명 한 명 진심으로 잘 되길 바라는 따뜻한 마음이 전해져왔습니다.

밍님은 인스타로 만난 참말로 소중한 인연입니다. 물질적인 이익을 초월한 가치에 더 집중하는 모습을 본받아, 육아라는 고단한 일상에 감성 놀이 육아로 수많은 엄마와 함께 소통하며 나누고 싶었습니다.

그렇게 '라온제나'만의 놀이 팁을 나누다 보니 DM도 많이 옵니다. 제가 올린 놀이 콘텐츠를 팔로워들이 너무 잘 따라 하고 있습니다. 딸아이를 알아보는 엄마들도 있고요. 함께 모여 독후 활동 챌린지도 시작하였습니다. 인스타로 만난 소중한 인연이 저에게도 기적처럼 생기고 있습니다. 보람을 느끼는 순간입니다.

그리고 포기하지 않고 올린 놀이 피드를 모아 '하루 20분 엄마표 감성놀이 육아'라는 전자책도 출간했습니다. 이 모든 일들은 제가 인스타를 하지 않았다면 일어나지 않았을 겁니다.

무엇을 시도할 만한 용기도 없으면서
멋진 삶을 바란단 말인가?

- Vincent van Gogh

제가 좋아하는 명언입니다.
이 말에 여러분도 가슴이 뛴다면 바로 시작하세요!
내 이름을 찾아갈 수 있는 인스타의 세계로!
여러분의 도전을 진심으로 응원합니다!

04 _ 가든하이로

잠자던 오프라인 매장 매출을 깨우다!

🔗 **계정 링크** https://www.instagram.com/garden_hiro

경주에서 '가든하이로'라는 양식당을 운영하고 있습니다. 경주 관광지 특성상 외부 관광객에게 홍보하기 위해 인스타그램을 시작했습니다. 고향을 떠나 경주라는 타지에서 가족이 운영했어요. 처음 2~3년간은 근방에 사는 사람들도 여기가 뭐 하는 곳인지 모를 정도로 모퉁이에 위치한 자리였어요.

코로나로 인해 홍보비용을 쓸 수 없을 정도로 매출은 하락했고, 어려운 시기

200명도 안 된 인스타를 노가다를 해가며 밤새 400명으로 늘렸어요. 그 후 '좋아요' 수가 많아지면서, 인스타를 보며 방문해 주시는 분들이 늘기 시작했어요.

초창기 팔로워들은 대부분 지역 사람이 아닌 외부 관광객이었어요. 인스타그램을 보고 경주 매장에 찾아오셨어요. 그러더니 점차 지역 단골도 생기게 되었어요. 저희 매장을 다녀간 분들이 후기, 리뷰를 올리기 시작하면서 지역 단골들이 생겨서 자연스럽게 홍보가 되니 신기했어요.

그렇게 조금 아는 지식으로만 인스타그램을 대충 운영하다 보니 뭔가 막히는 부분들이 많아졌어요. 밍드리밍 수업을 통해 기본은 물론 활용방법에 대해 자세히 배우게 되었어요. 프로필 설계부터 글을 쓰는 방법까지 전반적으로 좀 더 체계가 잡혀 나가기 시작했어요.

릴스와 라이브, 이벤트 등을 직접 해보게 되면서 자신감도 생기고, 용기도 생겼어요. 매장을 하면서 인스타그램은 필수라는 것을 알았지만 실천이 되지 않는데 수업하면서 자연스럽게 동기부여가 되어 즐겁게 할 수 있었어요.

뿐만 아니라 밍드리밍 수업이 좋았던 점은 멘탈 관리도 된다는 사실이에요. 어려운 점이나 발전가능한 점, 그리고 희망이 되는 아이디어를 공유하면서 서로 응원하며 소통 할 수 있어 든든하고 의지가 되었어요. 한 번의 인연이 아닌 지속적인 인연으로 느껴짐에 감사드려요.

매장을 운영하면서 팔로우 수가 그리 중요하지 않다는 걸 느꼈어요. 지속적으로 인스타를 보면서 문의 주시는 것을 바로바로 느꼈고 그것으로 매장 방문객도 늘었어요. 문의가 오면 행사로 바로 진행되어 매출 성장에 큰 도움이 되었어요.

별도의 홍보비용을 들이지 않고 이렇게 인스타그램만으로도 충분한 홍보가 되어요. 지역에서 개인 매장을 운영하는 대표님들은 무조건 인스타그램 하세요. 매출이 달라진답니다.

05 _ 구해진 피부

인스타그램을 통해 온라인마켓을 구축하다!

🔗 **계정 링크** https://www.instagram.com/guhaejin_skin

예쁜 사진 한 장을 올리며 뽐내는 순수한 마음으로 인스타그램을 처음 시작했어요. 새로운 앱이 나올 때마다 그것을 탐구하듯 일종의 취미와도 같이 인스타를 했던 것 같아요.

오랜 시간 동안 오프라인 사업에만 집중하며 온라인 세상에서의 성장 방법을 탐색하는 과정은 마치 길을 잃은 듯 헤매는 기분이었습니다. 이러한 시기에 밍쌤의 인스타그램 강의를 만나게 되었고 수업은 제 인스타그램에 중요한 전환점이 되었습니다.

강의 전 제 인스타그램 계정은 마치 두서없이 정리되지 않은 집과 같았습니다. 하지만 강의를 통해 인스타그램 계정을 깨끗이 정돈된 소품 하나하나가 눈에 띄는 멋진 공간으로 변모시킬 수 있는 방법을 배웠습니다.

인스타그램은 저에게 온라인 미니마켓이 되었고 제품 판매부터 우리 피부관리실의 홍보, 꿀팁 공유에 이르기까지 다양한 활동을 펼칠 수 있는 무대가 되었습니다.

저는 인스타그램을 통해 어떻게 하면 온라인 고객들의 마음을 사로잡을 수 있는지 알게 되었어요. 내 계정에 영상이나 사진을 올리는 일은 마치 미니 쇼를 개최하는 것처럼 매우 재미있고 즐거운 일이 되었습니다.

온라인 세상에서의 성장 비법은 밍쌤과의 만남 덕분이었습니다. 강의를 통해 저는 체계적으로 발전하는 모습을 경험할 수 있었습니다. 수업을 듣고 차곡차곡 발전해 나갈 수 있었고, 그것이 저에게는 큰 행운이었습니다.

인스타그램을 시작한 것은 호기심에서 비롯되었지만 지금은 그 이상의 의미를 가지게 되었어요. 제 사업을 더 많은 고객층에게 알릴 수 있게 되었고 이제는 인스타그램 없이는 사업을 홍보할 수 없을 정도로 중요한 역할을 합니다.

사업하다가 막다른 골목에 다다른 분들이 계셔서 고민 중인 분이 계신다면 인스타그램 무조건 시작해 보세요. 분명 새로운 기회를 경험하실 겁니다.

06 _ 민정드림

인스타그램은 최고의 자기 성장 도구다!

 계정 링크 https://www.instagram.com/minjeong_dream

아직도 그날이 눈에 선해요. 2020년 봄, 처음으로 비공개였던 인스타그램을 전체 공개로 돌렸던 날, 집과 회사밖에 모르던 두 아이의 엄마가 세상으로 한 발짝 내디딘 날이죠. 그 날의 두근거림이 아직도 생생합니다. 모르는 사람들이 막 팔로우하면 어쩌지? 우리 아이들 사진도 다 있는데 개인 정보 막 유출되는 거 아닐까? 설렘보다는 불안함이 컸던 그날. 사실 아무 일도 일어나지 않았습니다.

물론 '아무 일도' 일어나지 않았던 건 아닙니다. 걱정했던 일은 일어나지 않았지만, 이 한 걸음이 나를 어디로 데려갈지 그땐 몰랐던 것뿐이죠. 처음 시작은 MKYU의 'C.I.O'라는 인스타그램 강의였습니다. 수업의 마지막 과제는 인스타그램으로 10만원 벌기였습니다.

당시 제법 안정적인 회사를 다니고 있던 제가 인스타그램으로 10만 원을 벌겠다고 아등바등하는 것을 보고 가족들이 염려하는 눈으로 바라보던 것이 떠오릅니다.

"아이도 키우고 회사도 다니느라 힘든데, 굳이 그거 해서 뭐 하려고 하니"

불안한 시대에 커리어의 안정성을 보장할 수 없으니 온라인으로 무엇이라도 해야겠다는 생각에 시작한 인스타그램이었지만, 돌이켜 보면 '나를 되찾고 싶다'는 것이 가장 간절했던 것 같아요.

이 전까지는 소위 좋은 대학, 좋은 직장을 거쳐 좋은 배우자를 만나 좋은 부모가 되는 것이 내가 가야 하는 길이라고 생각했습니다. 세상이 정해놓은 좋은 것들을 쫓아가느라 정작 진짜 '내가' 원하는 것은 한 번도 제대로 고민해 보지 못했더라고요.

인스타그램으로 팔로우를 모으려면 나만의 '콘텐츠'가 필요했습니다. 결국은 '나'에 대한 치열한 고민이 콘텐츠가 되는 것이었죠.

내가 좋아하는 것은 무엇일까? 그 질문에 대한 답은 '해봐야 안다' 입니다. 저는 각종 인스타 챌린지에 참여하기 시작했습니다. 새벽 기상, 100일 글쓰기, 영어 낭독 등 각종 챌린지를 하면서 단순히 인증만 하는 것이 아니라 그 안에 저만의 이야기와 저만의 색깔을 담으려고 노력했어요.

그리고 스토리텔 오디오 북클럽을 만나게 되었습니다. 오디오북을 활용해서 영어 원서를 읽는 챌린지에 참여하게 되었고, 이를 계기로 스토리텔 홍보 영상 촬영도 하고 급기야 스토리텔 오디오 북클럽 리더로 활동하게 되었습니다. 그게 벌써 3년 전이네요. 2021년 3월부터 저만의 영어 원서 오디오북클럽을 시작해서 만 3년이 되었습니다.

북클럽뿐 아니라 MKYU의 인스타그램 홍보 활동인 공식 파트너즈 활동, MKYU 영어강의, TA(Teaching Assistant)등으로 활발하게 활동했습니다. 이를 바탕으로 김미경학장님의 출판프로젝트 '오늘부터 다시 스무살입니다'의 공식 저자로도 선정되었습니다. 종이책 '저자'란에 제 이름이 쓰이는 경험은 정말 잊을 수 없습니다.

이 모든 건 제가 팔로우 2,000명 정도였을 때 해낸 거예요. 팔로우가 만 명을 넘어선 건 2022년 밍님을 만난 후예요. 밍님을 만나고 나서 가장 많이 바뀐 건, 시선입니다. 그동안의 피드는 '내가 뭘 보여주지'였다면, 밍님을 만나 '내가 뭘 도와드리지?'를 생각하게 되었어요.

그래서 시작한 것이 '영어 발음 가이드 릴스'였습니다. 영어 한마디 내뱉기가 어려운 초보자분들을 위해 단어 하나라도 따라 해 볼 수 있게 만들었어요. 진정한 '기버의 정신'을 이때 배웠습니다.

그리고 감사하게도 '2달 반' 만에 '팔로워 1만 명'을 달성했습니다. 만 팔을 하고 나니 '스픽'에서 연락이 오더라고요. 만 팔 되자마자 스픽 광고 릴스를 제작했습니다. 각종 출판사의 책 협찬도 받고, '글담'에서 독서 관련 문구류 공구 프로젝트도 진행했습니다. 3년 전의 저로서는 상상도 못 한 일들이에요.

만팔을 달성하면 인플루언서가 되는 줄 알았는데, 제 삶은 겉으로 보기에는 크게 달라지지 않았습니다. 여전히 9 to 6 회사에 출근하고 틈나는 대로 릴스를 찍어 편집하고 북클럽 프로젝트를 진행합니다.

밍님이 수업 마지막에 해준 말씀이 정말 기억에 많이 남아요. "어떤 콘텐츠를 만들더라도 '나 자신'이 원하는 걸 만들어야 한다. 이거 올리면 다른 사람이 어떻게 볼까? 만 생각하고 정작 '내'가 빠진 콘텐츠를 올리면 길게 가지 못한다. 인스타그램 계정은 '내 것'임을 절대 잊지 말라"고 하셨습니다.

당시엔 이거 해서 뭐하나 하던 것도 지나고 보면 다 의미가 있더라고요. 제가 가장 싫어하는 말은 "그거 꼭 해봐야 아니? 안 해봐도 뻔해"라는 말이고 가장 좋아하는 말은 "뭐가 될지 모른다." 입니다.

그 모른다는 말에 무한한 잠재력과 가능성이 있다는 걸 아니까요! 구미에 사는 밍님과 서울에 사는 제가 이렇게 인스타로 만나 서로를 응원하는 끈끈한 관계가 된 것도 당시엔 전혀 예상하지 못한 것이었으니까요.

인스타그램은 최고의 자기 성장 도구입니다. 가르치는 것이 가장 빨리 배운다고 하잖아요. 사실 영어 발음 가이드 릴스, 최근 시작한 영어 원서 한 입 콘텐츠의 가장 큰 수혜자는 생산자인 '저 자신'입니다. 콘텐츠를 만들면서 제 발음은 더 좋아지고 영어 실력도 더 늘었거든요. 앞으로 또 어떤 기회가 올지는 알 수 없지만 저는 매일 매일 성장하고 있습니다.

아직 시작을 망설이시는 분들께 제가 좋아하는 책 연금술사의 한 구절을 보내드리고 싶습니다.

"when you want something, all the universe conspires in helping you to achieve it.
자네가 무언가를 간절히 원할 때 온 우주는 자네의 소망이 실현되도록 도와준다네."

이 책을 만나는 모든 분이 간절히 원하시는 걸 이루시길 바랍니다.

07 _ 이제 당신 차례

시작하는 순간, 최고의 무기가 될 것이다!

> "오늘 시작하면 언제든지 늦지 않습니다."
> - 그레이스 하퍼

> "시작하라. 그 자체가 천재성이고 힘이며 마력이다."
> - 괴테

인스타그램이라는 새로운 세계, 아직 제대로 활용해 보지 않았다면 가벼운 마음으로 해보시길 바랍니다. 오늘 시작하면 언제든지 늦지 않습니다. 할 수 있다고 마음먹으면 무엇이든지 해낼 수 있습니다.

지금 내딛는 이 한걸음이 당신을 어디로 데려다줄지 아무도 알 수 없지만, 그렇게 내디딘 그 걸음이 반드시 원하는 방향으로 안내해 줄 것이라 확신합니다. 해보면 길이 보이는 경험을 할 것입니다. 그러니 지금 시작하기만 하면 됩니다.

각 편마다 알려드린 기본과 실전 내용을 찬찬히 해보시길 바랍니다. 기본기가 탄탄하면 활용하고 응용하는 건 쉽습니다. 위의 성공 사례처럼 당신도 그 주인공이 될 것입니다. 제대로 배운 인스타그램은 최고의 무기가 될 것이라 확신합니다!

에필로그

꿈꾸는 당신의 달달한 일상을 응원합니다.

　　인스타그램 조감도를 그리는 설계단계부터 실전에서의 적용 그리고 성공사례까지 모든 과정을 다 마친 것을 진심으로 축하드립니다. 나만의 멋진 공간을 만드시느라 수고 많으셨어요.

　　원하는 공간을 만드셨다면 그다음 단계는 가꾸는 일 일 겁니다. 아무리 멋지게 지어놓아도 꾸준히 관리하지 않으면 원래의 빛을 잃으니까요. 그러니 꾸준히 조금씩 편하게 인스타그램을 해보길 바랍니다. 배움에 있어서 왕도는 결코 없고, 절대적인 시간의 양을 축적해야 합니다.

　　배운 내용을 토대로 사업에 적용하기를 바랍니다. 인스타그램의 조감도를 제대로 설계한 후, 지혜롭게 해시태그를 사용하고 잠재고객과 소통하면서, 생산성을 높이는 앱을 활용해 나만의 콘텐츠를 꾸준히 쌓아 나가면 됩니다. 자신만의 고유한 향기로 가득 채워진, 그래서 많은 사람들이 드나드는 그런 멋진 공간으로 완성될 것입니다.

결국 사람이 답이었습니다. 좋은 공간은 사람들을 오랫동안 머물게 만들고, 그 안에서 자신의 스토리를 공유하도록 합니다. 인스타그램에서도 일맥상통합니다. 알고리즘이 변한다 한들 잠재고객을 불러들이고 머물게 하는 원리는 같습니다. 인스타그램 역시 사람을 불러들이고 오래도록 머물게 하는 계정을 확산시켜 줍니다.

오프라인이든 온라인이든 사업의 핵심인 고객을 이해하고, 진심 어린 소통을 하면서 좋은 콘텐츠를 인스타그램에 담아내면 됩니다. 그 확산성을 이끌도록 반드시 알아야 할 내용을 기본편과 실전편에 담았으니 잘 활용한다면 반드시 사업에 도움이 될 것입니다.

한걸음, 한걸음 기본을 익히고 꾸준히 내디디다 보면 언젠가는 자신이 원하는 그곳에 서 있을 것입니다. 그러니 시작하기로 마음 먹었다면 그저 조금씩 1%씩만 나아가면 됩니다. 회사, 제품 또는 서비스를 알리고 싶은 대표님들에게 인스타그램은 아주 강력한 무기가 될 것입니다. 이 책이 새로운 세계로 향하는 가장 빠른 길이 되었으면 좋겠습니다.

대표님의 사업이 오래도록 생존하고 성장했으면 좋겠습니다. 무엇이든 할 수 있다고 생각하는 사람이 해내는 법입니다. 스스로를 믿고 꿈꾸는 대로 대담하게 나아가길 격하게 응원합니다.

그 간절한 꿈을 응원하는 공간 '밍드리밍의 집'은 늘 오픈되어 있습니다, 궁금한 점이 있다면 언제든 방문해 주시고 인사 나눠주세요. 남겨주신 고민과 이야기에 도움을 드리고 저 또한 위로와 응원을 받겠습니다. 고맙습니다.

빛나는 순간을 꿈꾸는
○○님의 달달한 일상을 응원합니다.
결국 무엇이든 해내는 소중한 당신께
행운의 기운을 듬뿍 나눠드리고 싶습니다.

2024년 봄날
밍드리밍 드림

 계정 링크
https://www.instagram.com/ming_dreaming